億り人がやっている会社四季報&株探《かぶたん》のスゴい使い方

10倍株&
バリュー株が
見つかる!

すぽ／平松裕将／Akito／DAIBOUCHOU／DUKE。／www9945／Yoshi

JN248137

宝島社

目次

第2章 『株探』活用編

第3章 実践編

第4章　日本のバフェットを目指せ!

「大株主」欄に名を連ねるための投資術

表紙デザイン ● 鈴木貴之
本文デザイン ● 戸部明美(at)
編集協力 ● 大竹崇文、鷲田真一、高水 茂
ライター ● 井ノ上昇、日野秀規
イラスト ● たまきちひろ

本書の使い方

「億り人」が情報ツールを使って銘柄選びの手法を伝授

本書は投資家の間で銘柄発掘に広く使われている東洋経済新報社の『会社四季報』『四季報オンライン』、そしてミンカブ・ジ・インフォノイドが提供する『株探』の活用方法を紹介するものです。

それぞれのツールの基本的な使い方を解説するのはもちろんですが、さらに「億り人（おくりびと）」と呼ばれる、運用資産1億円以上の凄腕投資家たちが、実際にそれぞれの情報ツールを使って銘柄を発掘していく方法を紹介しています。そのため、本書では億り人の投資手法を学べるだけでなく、億り人が実際にツールを使って銘柄を発掘する手順まで覗き見ることができるのです。

例えば『会社四季報』なら、記事欄（コメント欄）、業績欄、株主構成などさまざまな情報がある中から、どこを集中して見ているのか。あるいは『株探』を使って銘柄を探す場合には、

■『会社四季報』

【輸送用機器】 ➡前号並み 😊😊大幅強気

7203 トヨタ自動車《じどうしゃ》

【決算】3月
【設立】1937.8
【上場】1949.5

【特色】4輪世界首位級、国内シェア4割超。日野、ダイハツを傘下。SUBARU、マツダ、スズキと提携
【連結事業】自動車90(8)、金融7(13)、他3(6)【海外】76 〈20・3〉

【大幅減益】IFRS移行。コロナ響くが中国好調で世界販売910万台(13%減)に上方修正。上期は減産で固定費負担重い。円高逆風に開発費も重く利益急落。ただ会社計画は経費節減や新型車効果を慎重視。

【回復】7月世界販売は前年同月比9割に回復。20年中国販売は前年比8%増計画。マツダとのアラバマ合弁工場に8・3億ドル追加投資、生産車種変更や最新設備に充当。

【株主】㊥464,339名〈20.3〉 万株

自社(自己株口)	49,684(15.0)
日本トラスティ信託	35,763(10.8)
豊田自動織機	23,846(7.2)
日本マスター信託	20,199(6.1)
日本生命保険	12,733(3.8)
JPモルガン・チェース・バンク	10,153(3.0)
デンソー	8,991(2.7)
ステート・ストリート・バンク&トラスト	7,858(2.3)
三井住友海上火災	5,681(1.7)
資産管理サービス信	5,108(1.5)

〈外国〉19.4% 〈浮動株〉 ‥% 〈投信〉 ‥% 〈特定株〉 ‥%

【役員】(会)内山田竹志 (副会)早川茂 (社)豊田章男 (取)小林耕士 寺師茂樹 J.カフナー 菅原郁郎* P.クレイヴァン* 工藤禎子* ⇨欄外

【連結】ダイハツ工業, 日野自動車, 米国トヨタ自動車販売

【株式】7/31 3,310,097千株
単位 100株 貸借
時価総額 23.1兆円 225

【財務】〈◊20.6〉 百万円

総資産	55,916,537
自己資本	20,713,930
自己資本比率	37.0%
資本金	397,050
利益剰余金	22,073,722
有利子負債	24,012,488

【指標等】〈◎20.3〉

ROE	10.4%	予4.5%
ROA	3.9%	予1.7%
調整1株益		729.5円
最高純益(18.3)		2,493,983
設備投資	13,930億	予13,500億
減価償却	8,128億	予 8,300億
研究開発	11,103億	予11,000億

【キャッシュフロー】 億円

営業CF	35,906	(37,665)
投資CF	▲31,508	(▲26,972)
財務CF	3,971	(▲5,408)
現金同等物	44,121	(37,065)

年月【資本異動】 万株

15. 7	公4710万株(10598円)	346,509
16. 8	交換	338,509
16.11	消却	331,009
20. 1	交換	331,009

東証	高値	安値
49~18	**8783**(15)	**21**(50)
19	7949(11)	6161(1)
20.1~8	8026(2)	5771(3)

	高値	安値	出来万株
20. 6	7174	6685	11,978
7	6870	**6217**	9,868
8	**7380**	6255	10,036

【四半期利益率】0.3%(―)
過去平均― 増収率―
【進捗率】3期平均27.3%
今期2.8%(▲24.5pt)

【業種】自動車
時価総額順位 1/8社

【比較会社】7201 日産自動車, 7267 ホンダ, 7269 スズキ

【業績】(百万円)	営業収益	営業利益	税前利益	純利益	1株益(円)	1株配(円)
◎18. 3	29,379,510	2,399,862	2,620,429	2,493,983	842.0	220
◎19. 3	30,225,681	2,467,545	2,285,465	1,882,873	650.6	220
◎20. 3	29,929,992	2,442,869	2,554,607	2,076,183	735.6	220
◊21. 3予	24,500,000	750,000	1,140,000	935,000	328.9	140~220
◊22. 3予	27,500,000	1,900,000	2,290,000	1,880,000	661.3	220
◎19.4~9	15,285,595	1,404,336	1,583,485	1,274,976	449.4	100
◊20.4~9予	11,600,000	150,000	228,000	187,000	65.8	60~100
◎19.4~6	7,646,091	741,951	841,750	682,974	239.6	
◊20.4~6	4,600,796	13,920	118,233	158,843	56.9	
会21. 3予	24,000,000	500,000	890,000	730,000	(20.8.6発表)	

【配当】	配当金(円)
18. 3	120
18. 9	100
19. 3	120
19. 9	100
20. 3	120
20. 9予	60~100
21. 3予	80~120

予想配当利回り 2.00%
1株純資産(円)〈◊20. 6〉 7,409 (―)

【本社】471-8571愛知県豊田市トヨタ町1 ☎0565-28-2121
【東京本社】☎03-3817-7111
【名古屋オフィス】☎052-552-2111
【工場】本社, 元町, 上郷, 高岡, 三好, 堤, 他6
【従業員】〈20.3〉連359,542名 単74,132名(39.6歳)年865万円
【証券】上東京, 名古屋, NY, LON 幹(主)野村(副)日興, 三菱Uモル, 大和, みずほ 名三菱U信 監PwCあらた【銀行】三菱U, 三井住友
【仕入先】―
【販売先】―

『会社四季報』2020年4集(東洋経済新報社刊)

■『株探』

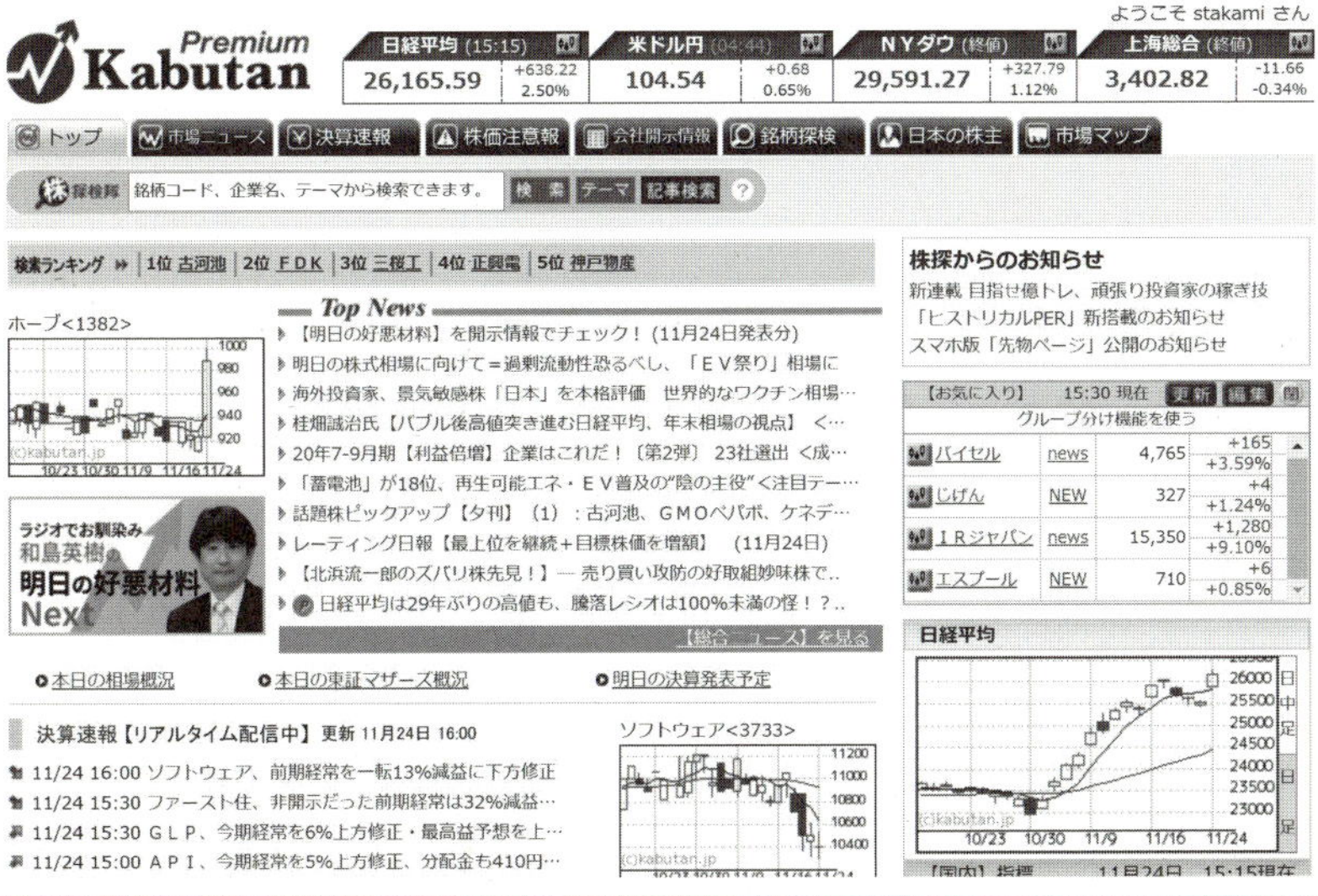

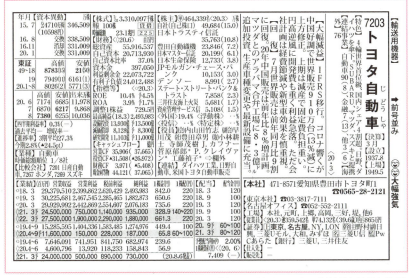

「市場ニュース」「決算速報」「株価注意報」など、いろいろあるメニューの中の、どこをチェックしているのか、というぐあいです。

実際、『株探』を見る場合などは、ほとんどの億り人が個別企業の「決算」をチェックしています。そして業績の推移を見て、その会社の成長性、収益性などを分析していきます。もし売上高、営業利益などに大きな変化があった場合は、その会社で一体何が起こったのか、ということを会社の開示情報や決算短信などで調べます。あるいは、まず「決算速報」や「市場ニュース」の決算速報を見て、業績を大幅に上方修正している企業をチェックしていくという方法もあるでしょう。今まで知らなかった情報ツールの使いこなし方、あるいは裏技的な情報を得ることもできます。

「大株主」が登場

加えて本書では、『会社四季報』や『株探』の「大株主」を調べると名前が出てくる、実際の企業の大株主も登場します。総会での発言権、経営への関与など、普通の「株主」とはまったく違った「大株主」としての投資、また、その醍醐味なども紹介します。投資家の一つの到達点ともいえる「大株主」の生の意見を聞くことで、読者の方々の投資に対する興味・関心がさらに深まれば幸いです。

第1章

『会社四季報』『四季報オンライン』活用編

億り人の『四季報』活用法

Akito さん

Yoshi さん

『会社四季報』を使いこなす

情報が1冊に詰まった伝統的な投資家のバイブル

創刊以来、80年以上の歴史を持つ『会社四季報』

『会社四季報』に掲載されている企業数は3800社以上になりますが、それらの企業のすべての情報をチェックすることは容易ではありません。そこで、もっと簡単にお宝銘柄をピックアップできる方法の一つが、記事欄の【見出し】を活用することです（図1）。

実はベテランの投資家も、まずはこの見出しで銘柄を拾い出すことがよくあります。例えば、どの【見出し】に注目すればよいでしょうか。

株価は、これから業績が大きく伸びるといった「変化」に反応します。その変化をいち早く予見することが重要です。その意味では、『会社四季報』の前号との比較でプラスイメージとなる【増益幅拡大】【上振れ】【上方修正】【大幅増額】などが注目です。これらの【見出し】は営業利益をベースとしており、企業努力や外部要因など、何らかの変化によって業績予想の数値がプラスに転じるであろうというものです。また、V字回復の期待がある銘柄を狙うには

■図1 『会社四季報』の読み方

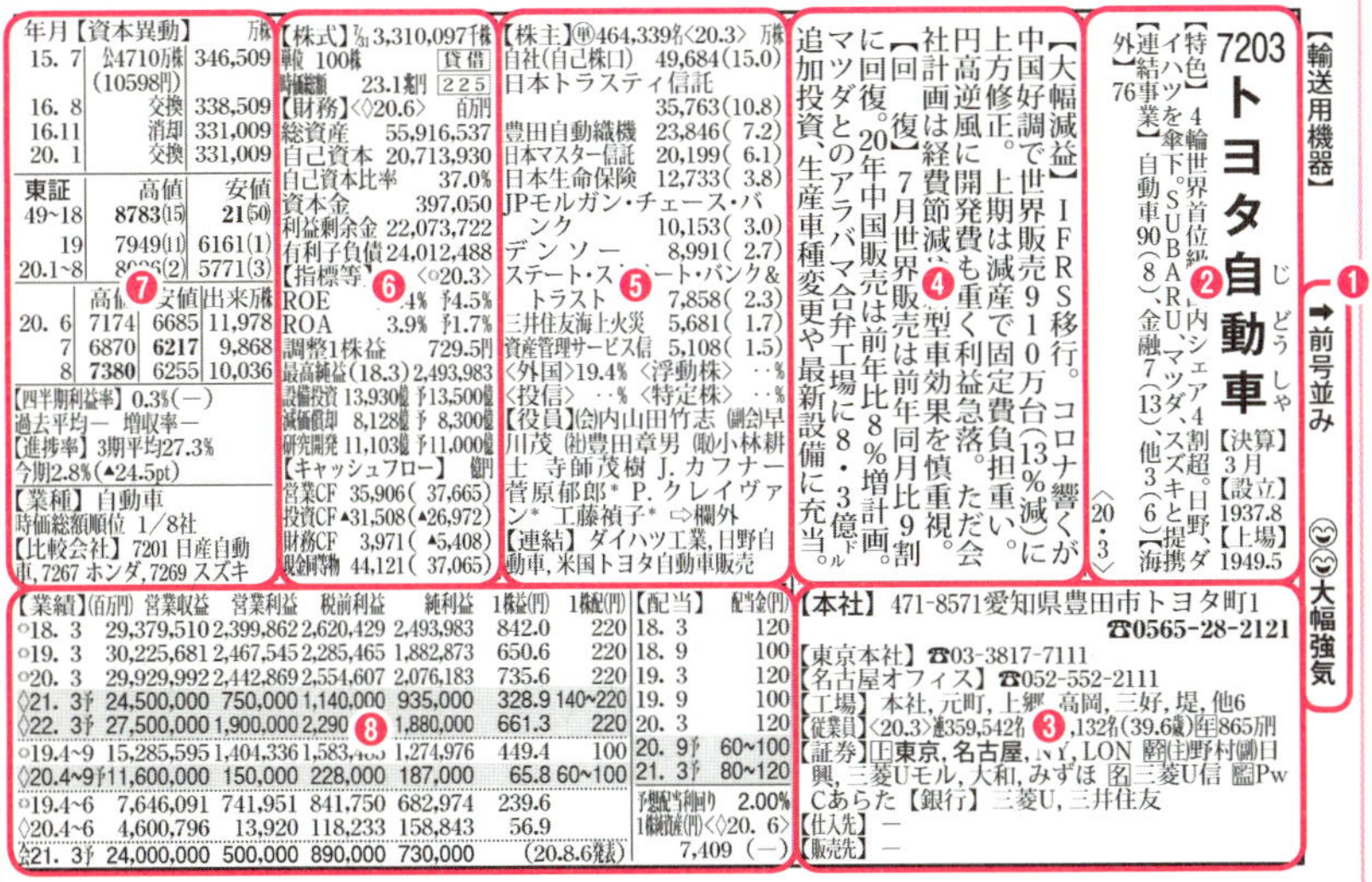

『会社四季報』2020年4集(東洋経済新報社刊)

❶……業績予想の修正記号と独自予想マーク：今号の営業利益の予想と前号の予想を比較して⬆➡⬇で示す。😊😣マークを見れば、『会社四季報』の予想営業利益が会社予想よりも強気か弱気かが一目でわかる。

❷……証券コード・社名：社名、決算期、設立・上場年月のほか、会社の特色、連結事業の売上・利益構成、事業の海外展開の状況など。

❸……本社〜取引銀行:本社や工場、支店、店舗のほか、従業員数と社員の平均年齢・年収、上場市場や幹事証券会社、監査法人、取引銀行など。

❹……業績記事・材料記事：向かって右が業績記事、左が材料記事。業績の『会社四季報』予想と会社予想の違いの根拠や、会社の中期的な成長に関するトピックス、会社の抱える課題などがわかる。

❺……株主／役員／連結子会社:大株主上位10名と、その持株数・比率などがわかる。

❻……株式／財務／キャッシュフロー：会社の株式、財務状況などがわかる。

❼……資本異動（新株発行や株式分割などによる発行済株式数の推移）／上場日以来の株価／特集企画／業種／比較会社などがわかる。

❽……業績：本決算、第2四半期決算、第1、第3四半期決算の業績数字（売上高、営業利益、経常利益または税前利益、純利益）、1株利益や1株当たりの配当などを記載。『会社四季報』編集部による予想数字も「予」の記号で示されている。

【底入れ】【底打ち】【V字回復】【急回復】などの見出しに注目してもいいでしょう。

『会社四季報』では、営業利益のほか、売上高、経常利益（税前利益）、当期純利益など、業績予想の数字も注目されています。そして、その予想の根拠が書かれているのが記事欄です。担当記者が会社の業績を見抜き、なぜ会社予想より高めにしたのか、またはなぜ低めにしたのかがコンパクトにまとめられています。会社の直近の状況と近未来の予測がざっと見てわかるため、オンラインの普及した今日でもこのコメント欄は投資家の間で重宝されています。また、短い文章の中には、今のトレンドを凝縮したキーワードがふんだんに盛り込まれており、それらを拾い集めるだけでも新たな投資のヒントが生まれてくるでしょう。

2つのPERに注目

『会社四季報』の銘柄ページにはチャートも付いていますが、これについては『四季報オンライン』のところで詳しく紹介していきたいと思います。ここでは、チャートの脇にある「株価指標」について説明します（図2）。

チャートの脇にある「株価指標」には、割安株を見つけて儲ける「バリュー投資」を行ううえで目安になる指標が並んでいます。まずPER（株価収益率）は、株価が1株当たり利益の何倍かを見る指標です。「株価÷1株当たり利益（EPS／1株益ともいう）」で計算され、単

■図2 『会社四季報』のチャートの見方

【 チャート各部の名称と意味 】

『会社四季報』で使われている基本チャート。月足でグラフはローソク足、24カ月と12カ月の移動平均線が描画されている。下の棒グラフは出来高。信用取引の売り残、買い残もわかるようになっている。

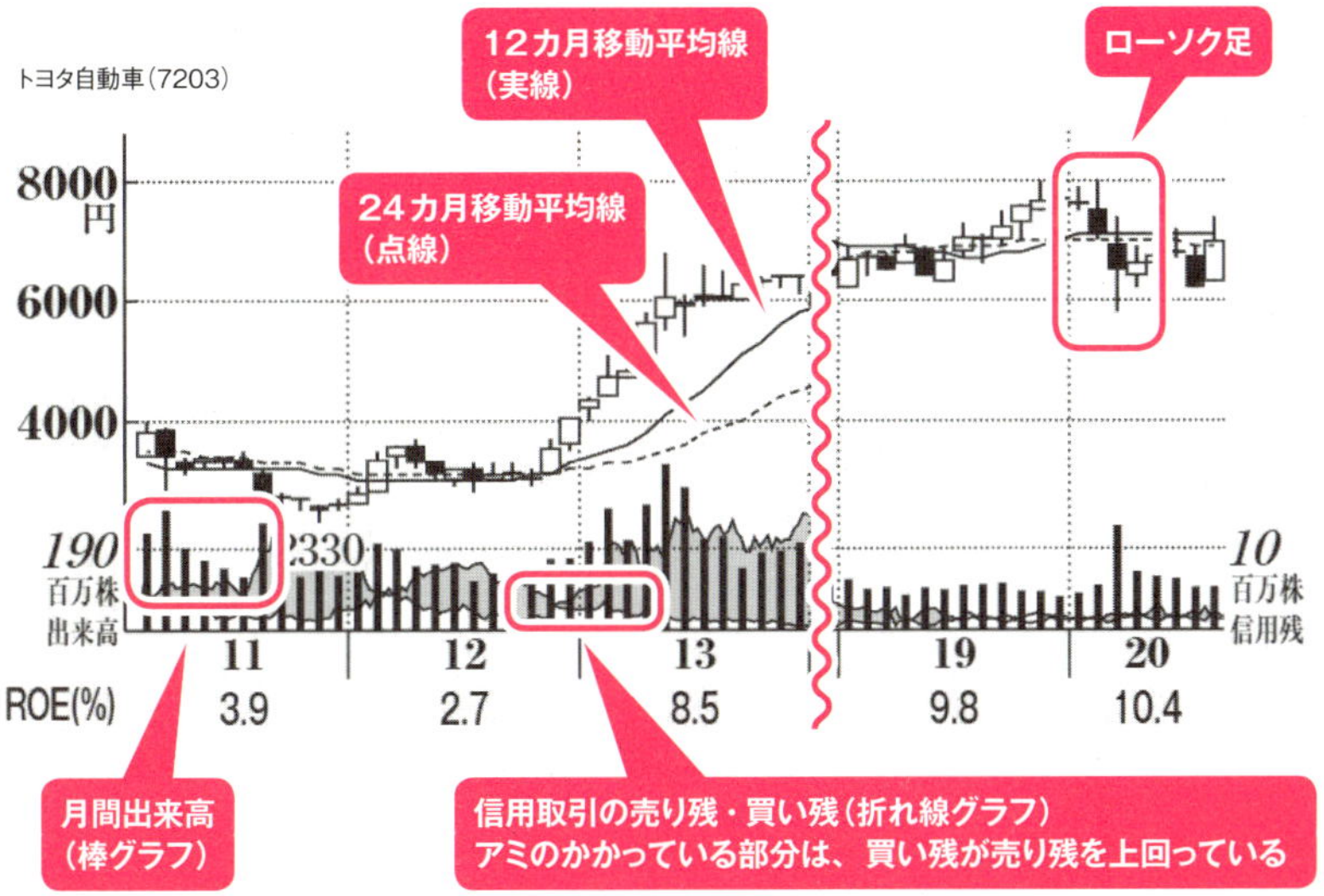

『会社四季報』2020年4集(東洋経済新報社刊)

【 ローソク足のしくみ 】

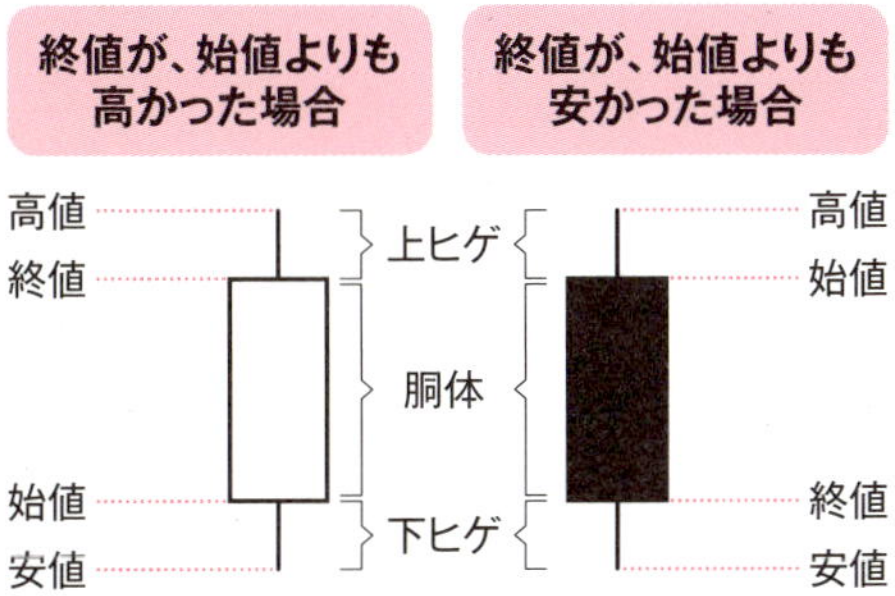

『会社四季報』のローソク足は、月ごとの株価の始値、終値、高値、安値の「四本値」を示す。月末(最終営業日)の終値が月初め(その月の第1営業日)の始値より高ければ、ローソク足の柱は白くなり(陽線)、その逆なら黒くなる(陰線)。

位は「倍」。一般的な割安の目安は15倍以下と言われています。

『会社四季報』は、原則、過去3決算期について各決算期の最高株価と最低株価を使ってPERを算出し、最も株価が高いときのPERの平均を上段に、最も安いときのPERの平均を下段に載せています。平均で求めるのは、1期だけだと特別利益などの特殊要因によって1株益が大きくなる（＝PERが低くなる）こともあるからです。

もう一つの割安の指標であるPBR（株価純資産倍率）は、「株価÷1株当たり純資産」で求め、株価が1株当たりの会社の価値の何倍かを表します。割安の目安は1倍以下です。

ここではPERについて説明します。『会社四季報』の「株価指標」欄には、その銘柄の2期分の「予想PER」と過去3期分の高・安平均の「実績PER」が掲載されています（図3）。

これらの数値をうまく利用するには、どうすればいいでしょうか。

まず「予想PER」です。株式投資の世界では、決算期が近づくにつれ、市場の注目は徐々に来期業績へと移っていきます。3月期決算企業の場合、年を越えた1月あたりがその境目になります。そのタイミングで12月発売の「新春号」に掲載された、この2つのPERのトレンドに注目するのです。大きく成長する企業の場合、1期目から2期目にかけて、PERがグンと小さくなります。つまり一気に割安感が台頭してきます。そんな会社は狙い目です。足元の株価と来期の予想1株利益を使って実際にPERを算出してみて、まだ市場が気づいていないようならチャンス。3月発売の「春号」では、来期PERの注目度はさらに高まります。

■図3　割安株の指標＝PERとPBR

トヨタ自動車（7203）

株価指標	
予想PER	（倍）
〈21.3〉	21.3
〈22.3〉	10.6
実績PER	
高値平均	10.7
安値平均	8.0
PBR	0.95
株価（8/31）	7006円
最低購入額	70万600円

■PER（株価収益率）

PER（倍）＝ 株価 ／ 1株当たり当期純利益（EPS）

株価が1株当たり当期純利益（EPS）の何倍まで買われているかを表す。

→ **低いほど株価が割安**

■PBR（株価純資産倍率）

PBR（倍）＝ 株価 ／ 1株当たり純資産

株価が1株当たり純資産の何倍の水準かを表す。

→ **1倍を割り込むと株価は割安**

※業種による違いはあるが、PERは日本の上場企業の平均と言われる15倍以下、PBRは1倍以下が割安の目安とされる。同業他社と比較してみるとよい。

「株価指標」は『会社四季報』2020年4集（東洋経済新報社刊）より

一方、「実績ＰＥＲ」は、過去３期分の最高ＰＥＲの平均が「高値平均」、最低ＰＥＲの平均が「安値平均」として掲載されています。これは簡単に言えば、過去３年の実績から見たＰＥＲの上限と下限を示しています。今日では、ＰＥＲが高いということは必ずしも割高ということではなく、投資家の期待度が高いということもいえます。その意味でＰＥＲの上限と下限は、「その銘柄の人気の上限と下限」とも言い換えられます。つまり、直近の予想ＰＥＲが過去の「高値平均」に近づいていれば、そろそろ売り時かという判断材料になりますし、「安値平均」付近なら、そろそろ仕込み場かといった判断のヒントになるのです。

「株価指標」という小さな欄に書かれた数字からも、さまざまな投資予想のヒントが掴めるのが『会社四季報』の魅力といえるでしょう。

『四季報オンライン』を使いこなす

スクリーニングも自由自在、先取り情報もゲット

『会社四季報』の情報をWEBでさらに生かす

『四季報オンライン』では、雑誌版の『会社四季報』が発売される前から、さまざまなコンテンツで最新号の業績予想と記事を配信しています。取得できる情報の内容によって「ベーシック」「プレミアム」など、利用できるプランの金額も変わってきますが、いわゆる『会社四季報』の「サプライズ銘柄」が、最新号発売前に探せるのは大きなメリットです。

WEB版ならではの特徴が、検索機能です。「AI」「ワクチン」「鬼滅」など流行のテーマやキーワードで検索することも、『会社四季報』の見出しに使われる「増益幅拡大」「増額」「上振れ」などの用語で検索することも可能です。

また、営業利益やPER、時価総額、自己資本比率など、項目を選んで条件値を入れるだけで、銘柄を絞り込める「スクリーニング」は、自分だけのお宝銘柄を探すうえで有力なツールとなるでしょう。

■図4 『四季報オンライン』の個別銘柄画面

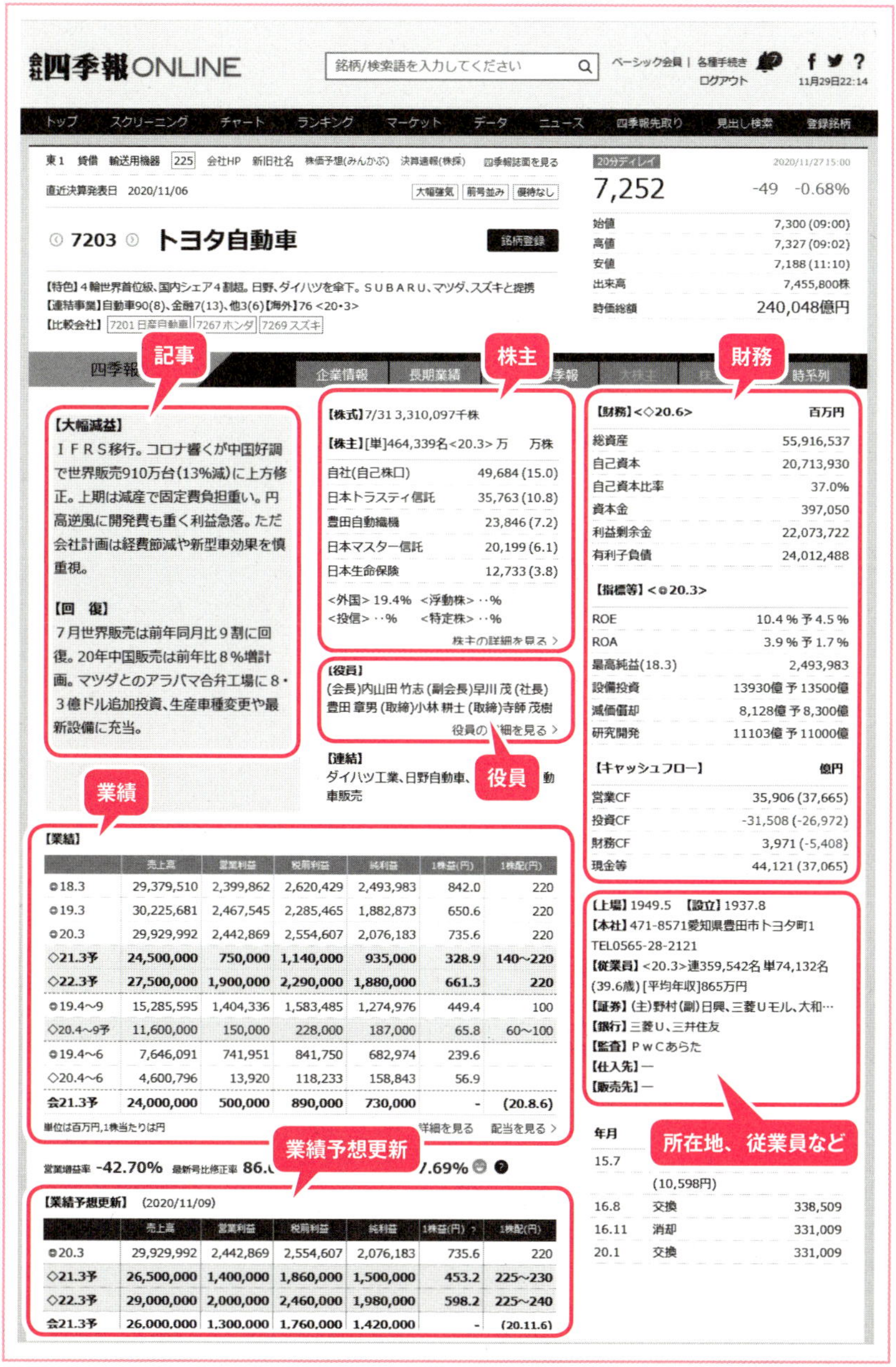

『四季報オンライン』

WEB版ならではのメリットとは

17ページに掲載したのは『四季報オンライン』の個別銘柄の画面です（図4）。トヨタ自動車のページですが、基本的に載っている情報は雑誌版の『会社四季報』と同じです。レイアウトが違うので最初は戸惑うかもしれませんが、すぐに慣れるでしょう。加えて『四季報オンライン』の場合、WEB版の特性を生かし、図の下段に見られるように、業績予想の変更があったときなど、その情報がタイムリーにアップデートされます。今はたくさんの投資家がさまざまなツールを駆使して、業績予想の修正など、株価の動向に影響を与える情報を一刻も早く入手しようと競っている時代です。その意味では、アップデートは重要です。

次に、『四季報オンライン』の代名詞ともいえるスクリーニング機能も魅力です。今日では、こうしたスクリーニング機能は、本書で紹介している『株探』や証券会社のサイトなど、さまざまなところで利用できます。しかし、スクリーニングの「老舗」ともいうべき『四季報オンライン』のスクリーニング機能には、やはり長年の実績で培われた特徴があります。

例えば、PER、PBRなど割安の数値を『四季報オンライン』のスクリーニング機能に入力して、バリュー株を探す手順を説明しましょう。

まずスクリーニングのページから「条件を追加」をクリックし、スクリーニング項目を選び

■図5　スクリーニング検索結果

	銘柄コード	銘柄名	市場	株価(円)	当日(%)	営業利益(-1→0)(%)	営業利益(0→1)(%)	営業利益(1→2)(%)
1	1381	アクシーズ	J(S)	3,190.0	+2.57	12.54	4.16	5.26
2	1734	北弘電社	札証	4,050.0	+1.75	49.04	4.70	14.28
3	1758	太洋基礎工業	J(S)	4,900.0	-0.20	36.17	15.05	10.29
4	1882	東亜道路工業			1.51	30.11	3.09	4.08
5	1992	神田通信機			3.96	14.70	19.65	42.85
6	2163	アルトナー			2.79	12.86	9.48	3.09
7	2221	岩塚製菓			0.77	2,062.50	108.09	5.55
8	2924	イフジ産業			0.60	15.13	10.99	11.65
9	3172	ティーライフ			7.75	45.88	18.95	6.77
10	3934	ベネフィトジャパン			-1.98	33.49	10.32	12.90
11	3943	大石産業	福証	1,791.0	-3.08	31.35	15.34	8.69
12	4439	東名	東1、名1	1,232.0	+3.18	37.33	8.98	7.69
13	4623	アサヒペン	東2	1,748.0	+0.17	9.13	50.68	11.11
14	4625	アトミクス	J(S)	629.0	-0.15	48.21	13.25	6.38
15	4629	大伸化学	J(S)	1,502.0	+1.14	57.09	10.53	3.52
16	5290	ベルテクスコーポ	東2	1,704.0	-0.87	50.55	5.59	5.00
17	5699	イボキン	J(S)	1,892.0	+0.26	8.57	21.71	13.51
18	6362	石井鐵工所	東1	2,797.0	-0.07	41.16	12.51	9.60
19	6402	兼松エンジニア	東2	1,220.0	+0.99	17.38	8.58	4.54
20	6542	ＦＣホールディング	J(S)	911.0	+1.22	16.50	4.52	5.55

チャートマークにオンマウスするとその会社の基本情報や株価チャートがポップアップ画面で見られる

『四季報オンライン』

ます。ここでは仮に、今期と来期のＰＥＲを15倍以下に設定します。加えて、業績の伸びも必要ですから、営業利益の伸びを前期、今期、来期で３％以上とします。時価総額は、あまり大きなところだと大きな成長が望めませんので、仮に３００億円以下としておきます。また、安全性の要素も入れておきたいと思いますので、自己資本比率は50％以上にします。

以上の条件でスクリーニングをかけると、上図（図５）のような結果が出ました。１位のアクシーズ（１３８１）は鶏肉国内大手で、銘柄ページの「特色」欄には「ケンタッキー（ＫＦＣ）と食肉卸向け柱」と書いてあります。「外食ＦＣはテイクアウト中心に続伸」「ケンタッキーはドライブスルー好調」との記事欄のコメントから、背景にコロナウイルス感染拡大によるテイクアウトの普及が、好調な業績の背景にあることがうかがわれます。

もっとも、ここに入力した数値はあくまでも仮の数値ですので、自分なりに業界ごとの割安の基準などを設けて、独自の割安株を見つけてみるといいでしょう。また、『四季報オンライン』のスクリーニングページには、四季報編集部が作成済みのおすすめ条件や、サンプル条件があらかじめ登録してあります。入力条件がわからないという初心者の方でも、これらの条件を呼び出して使えば、気軽に基本的なスクリーニング機能を活用して銘柄検索ができます。

また、これらのおすすめ条件の中の項目を変えて、自分独自の条件として登録し直すこともできます。スクリーニングに慣れるという意味で、まずこうしたおすすめ機能を活用して、スクリーニングの操作感覚を身に付けていってもいいでしょう。

チャートを使った有望銘柄発掘のポイント

『四季報オンライン』の各社のページには、株価チャートが必ず掲載されています。さらに『四季報オンライン』では、有料サービスの中に「高機能チャート」があって、より細かな銘柄分析ができるようになっています。ここではまず、雑誌版とオンライン版に共通した『会社四季報』のチャートの読み方から説明していきます。

『会社四季報』で使われているチャートは、「ローソク足」と呼ばれているものです。ローソク足は、一定期間の株価の動きを1本の棒で表したもので、『会社四季報』に載っているのは、1カ月の株価の動きを示した月足《つきあし》のチャートです。

ローソク足の詳しい内容と見方は13ページに示しましたが、最近はネットや株式投資の入門書にも詳しい説明があります。ざっくりいうと、ローソク足をざっと見たとき、白の陽線が多ければ上昇の勢いが強く、黒の陰線が多ければ下向きの力が強いことを示します。

またローソク足の幅の長短からも、株価の勢いがわかります。「短い陰線」なら、下落基調でもそれほど勢いは強くありません。ヒゲはその期間の中で抵抗勢力が現れたことを示すもので、勢いが強まったり弱まったりするなど、反対方向に転換するシグナルと言えます。

このチャートから、優良銘柄を探す簡単な方法を紹介します。まず、チャートを見る前に業績欄を見てみます。例えば今年度の営業利益予想が増益で、記事欄の見出しが「最高益」になっていたとします。その銘柄のチャートを見たときに株価が値下がりしていた場合、これは一つの「買い」チャンスです。なぜなら、株価は将来起こりうるさまざまな出来事を織り込んで動くからです。仮にこの会社の株価が上がり続けている場合、良好な業績見通しがすでに株価に反映されている可能性があります。

そのため、その時点で購入しても、さらなる値上がりが見込める可能性は薄くなります。むしろ、業績が好調でも、株価が現段階であまり上がっていない銘柄を探すことが、チャートを使った有望銘柄発掘のポイントです。

高機能チャートの使い方

『四季報オンライン』の高機能チャートの例として詳細チャートのメニューを見てみます。

①個別銘柄、指数、為替選択

個別銘柄のチャートを表示したい場合は「国内株式」を、日経平均株価などの指数を表示したい場合は「国内指数」を、為替レートを表示したい場合は「為替」を選択します。

②検索窓／選択リスト

①で「国内株式」を選択した場合、検索窓が表示されるので、そこに検索したい銘柄名・銘柄コードを入力すると、下に候補が表示されます。

③市場選択

「主要」タブは、東洋経済新報社が選別した、原則出来高の最も多い市場でついた株価を基にチャートを描画します。「東証」を選択すると、東京証券取引所でついた株価を基にチャートを描画します。

④登録銘柄

登録銘柄ページの各グループに登録した銘柄を呼び出します。

⑤テンプレート

表示しているインジケーター（指標）の設定を最大10まで保存できます。「ローソク＋出来高」「移動平均（5・25・75）」「移動平均（13・26・52）」「移動平均（12・36）」はあらかじめ用意されているもので、「ローソク＋出来高」はローソク足と出来高を、「移動平均（5・25・75）」「移動平均（13・26・52）」「移動平均（12・36）」は（ ）内の期間の移動平均線を表示します。

テンプレートを表示しているチャートに適応するためには、適応したいテンプレートにマウスカーソルをあわせ、右に表示される「テンプレートを適応」をクリックします。テンプレートを保存したい場合は、「新規登録&保存」をクリックし、テンプレートの名前を入力し、「保存」ボタンをクリックして保存します。その際、すでにあるテンプレートと同じ名前で保存すると上書き保存されます。

登録したテンプレートを削除したいときは、削除したいテンプレートにマウスカーソルをあわせ、右に表示される「テンプレートから削除」をクリックします。ただし、あらかじめ用意されているテンプレートは削除できません。

⑥比較

複数銘柄の値動きを比較する比較チャートを表示します。「比較銘柄登録」画面で、比較したい銘柄や指数の銘柄コードや名称を入力します。

⑦**保存**

チャート画面に追加したインジケーター、トレンドラインなどを保存します。複数保存することはできません。

⑧**呼出**

⑦で保存した設定、トレンドラインなどを呼び出します。

（※以上、参照：会社四季報ＯＮＬＩＮＥ利用ガイド）

さらに左側のサイドメニューの機能では、トレンドライン描画ツール、フィボナッチ描画ツールを使って、チャートにトレンドライン（株価の傾向を見やすくする補助線）やフィボナッチ（フィボナッチ数列を用いて株価の「戻り」などを予測するテクニカル指標）を追加できます（図６）。また、「ものさし」を使うとチャート上の期間や株価の変動幅などを測定できます。

代表的なチャート分析

これらのチャートを使ったテクニカルな分析手法についてはあまり詳しく触れませんが、ここでは代表的なものだけ紹介しておきます。

『会社四季報』のチャートには、12カ月と24カ月の移動平均線が使われています。短中期の移

■図6 『四季報オンライン』のチャート

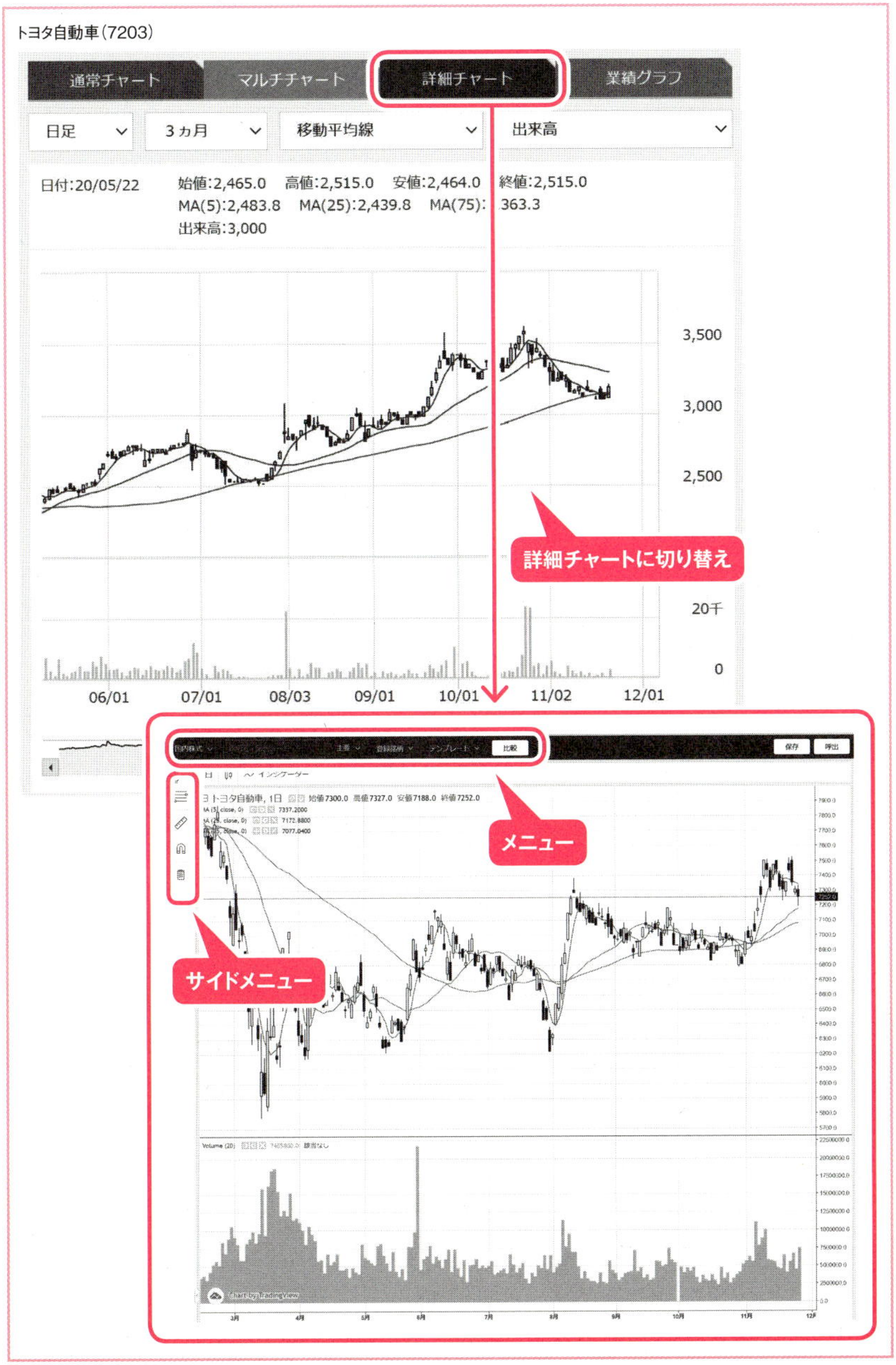

『四季報オンライン』

動平均線が中長期の移動平均線を下から上に突き抜けた「ゴールデンクロス」は、株価上昇サインとされます。もっとも、これは絶対ではなく、実際は株価が上がったあとにゴールデンクロスになる場合も多く見られます。ゴールデンクロスと反対に、短中期線が中長期線を上から下に突き抜けた場合を「デッドクロス」といい、下落相場になったサインです。

株価の高値と安値を結んだ線でその方向性を推測する分析方法もあります。株価が上昇トレンドの場合は、株価が最も安い時点とその後反落した時点をつないで描いた線を「下値支持線」といい、株価が下値支持線に接近したときが「買い」のタイミングです。逆に、株価が下降トレンドの場合は、株価が最も高い時点とその後反発した場面をつないで「上値抵抗線」を描き、株価が上値抵抗線に接近したときが売りと考えます。

また、株価が一定の範囲内で上がったり、下がったりを繰り返すことを「保ち合い」といいます。株式投資でよく耳にする「ボックス」は、保ち合いの典型的パターンです。ある価格まで上昇すると反落し、逆にある水準まで下がると反騰します。その規則性を利用して、ボックス下限（下値支持）付近を待って買い、ボックス上限（上値抵抗）で売る投資手法が一般的です。ボックス圏の上下どちらかを突破すると株価の動きが加速するため、その瞬間が売買のポイントになります。

こうしたさまざまな分析法を知っておくと、『四季報オンライン』のチャート機能をさらに深く活用することができるでしょう。

『四季報オンライン』その他のメニュー

『四季報オンライン』のその他のメニューとして、例えばメニューバー（リンク）にある「ランキング」では市場ごとの株価値上がり（値下がり）ランキングが前日比、前週比、前月比（それぞれ何パーセント）で表示されます。そのほか、ストップ高（安）、新高値、時価総額や外国人保有比率、業績予想の上方修正など、さまざまなランキングを見ることができます。

また、「四季報先取り」では、『会社四季報』発売月の前月下旬から、先取り情報を配信しています。最新刊の『会社四季報』２０２１年１集新春号は12月16日（水）に発売されましたが、『四季報オンライン』ではこれを先取りする形で、11月24日（火）からお宝情報「速報！サプライズ銘柄」を、12月2日（水）からは「主力３００」と「新興株50」の業績予想を先行配信しました。さらに、毎週末に注目テーマの関連銘柄を掲載した「相場テーマを探る」や、達人が注目の1銘柄を厳選してお届けする「〈達人イチオシ〉厳選注目株」など、投資機会を逃さないための「ニュース」なども配信されています。

『四季報オンライン』にはこのほかにもさまざまな機能がありますが、その機能を使いこなすほど、自分だけのお宝銘柄発掘の可能性が広がります。これから紹介する億り人のやり方をぜひ参考にしてみてください。

『会社四季報』ならではの銘柄情報収集法

情報化が進み、株式投資に必要な情報もネットで簡単に集められるようになってきました。そして本書でも紹介している『株探』や『四季報オンライン』のような優れたサイトが出てきたことで、一般投資家もプロに匹敵するような情報を入手することができるようになっています。そんな中、私があえて紙（雑誌版）の『会社四季

Akito（あきと）

2000年に300万円を元手に株式投資を開始。一時期、全財産を投資した会社が倒産し、全資産を吹き飛ばすが、再び300万円を作ってリスタート。2011年には1000万円、2014年には資産総額が1億円を突破。現在は「イベント投資」に集中し、日々企業の開示情報を中心に情報を集めながらトレードを行っている。

報』にこだわるのは、誌面の中にコンパクトに詰め込まれた情報と、その一覧性が、銘柄選びの際、非常に役立つからです。

もっとも、私は『会社四季報』を情報収集の柱にしているわけではありません。基本は企業の適時開示情報を丹念に見ていくこと。そして、私の投資手法である「イベント投資」にかなうような銘柄、つまり、本文でも説明しますが、株価を上昇させるなんらかの出来事（イベント）が起こる銘柄をピックアップし、先回りして投資します。それが上場企業3800社の中で、だいたい100銘柄くらい。その中で「まあいいかな」と思えるのが100社、「超いい!!」と思えるのが30社、そして実際に買う銘柄が2～3社程度です。そこに絞り込んでいく過程で、『会社四季報』が活躍します。

といっても、1銘柄当たりにかける時間は1分程度。見るポイントは本文で解説しますが、その程度でも必要十分な情報を得られるだけのフォーマットになっているのです。さすがに長年投資家に愛好されてきただけのことはあるなと思います。

『会社四季報』に集約された情報がイベント投資の成果をより確実にする

株価の動きを先回り

私たちのようにネットを使って株式投資を行う投資家にとって、『会社四季報』『四季報オンライン』『株探』など便利な情報源やツールが使えることは、本当に幸せだと思います。私もいくつかのツールを複合的に使っていますが、その中で今回は、主に紙（雑誌版）の『会社四季報』の活用法についてお話ししたいと思います。

その前に、まず私の投資手法について簡単にご説明します。

もともと、大学時代からデイトレをやっていました。日銭をコツコツ稼いでいたのですが、そのうち投資の手法を増やしたいと思うようになり、さまざまな投資本を読み漁りました。そこで出合ったのが、今も続けている「イベント投資」です。

「イベント」とは、その銘柄が東証マザーズから東証1部へ市場を鞍替えしたり、日経225銘柄に採用されたりするときなど、株価に大きな影響を及ぼすような出来事のことです。

あるいは毎年の傾向として、株主優待の権利確定日の数カ月前から当日に向けてじわじわ株価が上昇していく傾向がありますが、そこを狙って買いを入れるのも「イベント投資」の一種です。ご存じのように、株主優待は「権利確定日」に所定の株数を保有している株主に対して贈られるものですから、人気の高い株主優待を行っている企業の株は、権利確定日の数カ月前から買いが増える傾向にあります。優待が欲しい個人投資家が買いに走るからです。

そして権利付き最終日を過ぎると、買う人が激減するので、株価は反対に大きく下落します。そこで権利確定日の2~4カ月前に買い、権利付き最終日前に売却するという作戦が成り立つわけです。このように株価の上昇値動きを誘発する「イベント」に先回りして買いを入れ、上がり切ったところで売ると、1銘柄平均1・5~3%程度の利ザヤを稼ぐことができます。1銘柄100万円、年250銘柄ほど入って、平均400万~600万円は稼げます。1銘柄の平均利ザヤは低くても、数をこなすことで利益が積み上がっていきます。

この「株主優待先回り」という手法などは、イベント投資の基本的な手法で、初心者の方でも取り組みやすいと思います。実際には、こうした「イベント」は無数にありますので、とにかく私の場合は企業の適時開示情報を見て、何か「イベント」のある企業があれば、その「イベント」が株価に与えるインパクトを想像し、現状とのギャップが大きければ買いを入れるという形です。このイベント投資に加え、スイングの逆張り投資でのシステムトレードで、年間1500万~3000万の安定的な収支を確保します。さらに、業績に注目して行う3カ月程度のスイングトレードで大きく取りに行くのが、私の投資スタイルです。『会社四季報』が役に立つのは、主にこの「業績に注目しての3カ月程のスイングトレード」で引っかかったよく知らない企業を調べるときです。

「1分でだいたいわかる」のが最大のメリット

適時開示情報といってもご覧になっていない方もいるかもしれませんので、一応説明しておくと、例えば身近な適時開示は決算短信です。そのほか業績予想の修正、増資、M&A、代表者の異動、損害の発生など、投資家の投資判断に影響を与えるような重要な情報は、すべて適時開示の対象です。

適時開示情報は、証券取引所やネット証券のサイトや、『株探』『四季報オンライン』などからもアクセスできます。私の場合は、「iMarket（適時開示ネット）」というウェブサイトで、基本的に掲載されるほとんどの銘柄をチェックしています。

現在、日本の上場企業の数は約3800社です（2020年11月時点）。私は投資する対象を、時価総額がだいたい100億円以下、多くても400億円以下の小型株に限定しているので、それに該当する3000社くらいを定期的にウォッチしています。その四半期ごとの開示情報を、全部ではないにしても見られるだけ見ているので、少なくとも年に1万期分以上の適時開示を見ていることになります。

さすがに、すべての適時開示をじっくり見るというわけにはいきません。そこで最初の1ページ目を見て、売上高と営業利益の変動率の大きい銘柄だけ、次のページに進んでいきます。『株探』などにも適時開示情報（会社開示情報）はありますが、最初のページで開示情報企業の売上や利益が一覧で出てくるのが、iMarketの便利なところです。

チェックした銘柄は、EXCELに銘柄コード、株価、そして「何が気になったのか」程度の簡単なメモを残しておきます。その中で「気になるけど、どんな会社かよく知らない」銘柄に行き当たったとき、ようやく『会社四季報』のページをめくります。

3000銘柄チェックして、そのうち「まあいいかな」と思えるのは100社くらい。そしてその中の30社程度が「超いい！」と思える銘柄です。さらにその中の2~3銘柄程度が「このチャンスを逃したら、二度と買えない‼」と思える銘柄です。実際に投資するのは、この「二度と買えない銘柄」ですから、確率としてはまあ低いです。それくらいの自信を持てる銘柄に絞って投資しているということです。

昔から受け継がれてきたフォーマット

私が『会社四季報』を読んですることはたった一つ、「基本的な銘柄情報のインプット」です。

1社当たりの読む時間は1分かけるかかけないか、くらいです。

四季報には雑誌版の『会社四季報』と、ウェブで閲覧できてより細かい情報が得られたり、スクリーニングできたりする『四季報オンライン』がありますが、私は雑誌版の『会社四季報』一択です。一時期『四季報オンライン』も使ってはみたのですが、リニューアルしてから少し使いづらくなってしまって……もちろん個人的な意見ですが。

『会社四季報』に戻ってみて改めて思ったのが、やっぱりこのフォーマットは大昔から受け継がれてきたもので、それだけに磨き抜かれた構成だということですね。小さなスペースに必要な情報がきっちり書き込まれていて、その会社のことを何も知らない人が銘柄情報に触れる入り口としては最適だと思います。

ですので、私にとっては「1社当たり1分程度で見られる」ことが『会社四季報』を使う最大のメリットです。『会社四季報』は情報の深掘りするために使うものではないと思いますね。深掘りしたいなら、適時開示情報をしっかり読み込むことです。

『会社四季報』でチェックする欄はこの6つ!

私が『会社四季報』を使うときは、このような順序・着眼点を意識して見ていきます（図7）。

①連結事業、業績

■図7　Akitoさんの『会社四季報』チェックポイント

⑤-1
予想PER　（倍）
〈21.3〉　21.3
〈22.3〉　10.6
高値平均　10.7
安値平均　8.0
PBR　0.95
株価(8/31)　7006円
最低購入額　70万600円

【輸送用機器】
7203 トヨタ自動車《じどうしゃ》
➡前号並み
😊😊大幅強気

【特色】4輪世界首位級、国内シェア4割超。日野、ダ
【決算】3月【設立】1937.8【上場】1949.5

①-1
【連結事業】自動車90(8)、金融7(13)、他3(6)【海外】76

③
【大幅減益】IFRS移行。コロナ響くが中国好調で世界販売910万台(13%減)に上方修正。上期は減産で固定費負担重い。円高逆風に開発費も重く利益急落。ただ会社計画は経費節減や新型車効果を慎重視。
【回復】7月世界販売は前年同月比9割に回復。20年中国販売は前年比8%増計画。マツダとのアラバマ合弁工場に8・3億ドル追加投資、生産車種変更や最新設備に充当。

⑥
【株主】㊥464,〔判読不能〕名〈20.3〉　万株
自社(自己株口)　49,684(15.0)
日本トラスティ信託　35,763(10.8)
豊田自動織機　23,846(7.2)
日本マスター信託　20,199(6.1)
日本生命保険　12,733(3.8)
JPモルガン・チェース・バンク　10,153(3.0)
デンソー　8,991(2.7)
ステート・ストリート・バンク&トラスト　7,858(2.3)
三井住友海上火災　5,681(1.7)
資産管理サービス信　5,108(1.5)
〈外国〉19.4%〈浮動株〉‥%
〈投信〉‥%〈特定株〉‥%
【役員】(会)内山田竹志 (副会)早川茂 (社)豊田章男 (取)小林耕士 寺師茂樹 J.カフナー 菅原郁郎* P.クレイヴァン* 工藤禎子* ⇨欄外
【連結】ダイハツ工業，日野自動車，米国トヨタ自動車販売

年月	【資本異動】	万株
15. 7	公4710万株(10598円)	346,509
16. 8	交換	338,509
16.11	消却	331,009
20. 1	交換	331,009

東証	高値	安値
49~18	8783(15)	21(50)
19	7949(11)	6161(1)
20.1~8	8026(2)	5771(3)

	高値	安値	出来万株
20. 6	7174	6685	11,978
7	6870	6217	9,868
8	7380	6255	10,036

【四半期利益率】0.3%(―)
過去平均―　増収率―
【進捗率】3期平均27.3%
今期2.8%(▲24.5pt)

②
【業種】自動車
時価総額順位 1/8社
【比較会社】7201 日産自動車，7267 ホンダ，7269 スズキ

【株式】〔判読不能〕 3,310,097千株
単位 1〔判読不能〕　貸借

④
時価総額　23.1兆円　225

【財務】〈◇20.6〉　百万円
総資産　55,916,537
自己資本　20,713,930
自己資本比率　37.0%
資本金　397,050
利益剰余金　22,073,722
有利子負債　24,012,488
【指標等】〈◎20.3〉
ROE　10.4%　予4.5%
ROA　3.9%　予1.7%
調整1株益　729.5円
最高純益(18.3)　2,493,983
設備投資　13,930億　予13,500億
減価償却　8,128億　予 8,300億
研究開発　11,103億　予11,000億
【キャッシュフロー】　億円
営業CF　35,906(37,665)
投資CF　▲31,508(▲26,972)
財務CF　3,971(▲5,408)
現金同等物　44,121(37,065)

①-2

【業績】(百万円)	営業収益	営業利益	税前利益	純利益	1株益(円)	1株配(円)
◎18. 3	29,379,510	2,399,862	2,620,429	2,493,983	842.0	220
◎19. 3	30,225,681	2,467,545	2,285,465	1,882,873	650.6	220
◎20. 3	29,929,992	2,442,869	2,554,607	2,076,183	735.6	220
◇21. 3予	24,500,000	750,000	1,140,000	935,000	328.9	140~220
◇22. 3予	27,500,000	1,900,000	2,290,000	1,880,000	661.3	220
◎19.4~9	15,285,595	1,404,336	1,583,485	1,274,976	449.4	100
◇20.4~9予	11,600,000	150,000	228,000	187,000	65.8	60~100
◎19.4~6	7,646,091	741,951	841,750	682,974	239.6	
◇20.4~6	4,600,796	13,920	118,233	158,843	56.9	
会21. 3予	24,000,000	500,000	890,000	730,000	(20.8.6発表)	

【配当】	配当金(円)
18. 3	120
18. 9	100
19. 3	120
19. 9	100
20. 3	120
20. 9予	60~100
21. 3予	120

⑤-2
予想配当利回り　2.00%
1株純資産(円)〈◇20. 6〉
7,409（―）

【本社】471-8571愛知県豊田市トヨタ町1
☎0565-28-2121
【東京本社】☎03-3817-7111
【名古屋オフィス】☎052-552-2111
【工場】本社，元町，上郷，高岡，三好，堤，他6
【従業員】〈20.3〉連359,542名 単74,132名(39.6歳)年865万円
【証券】上東京，名古屋，NY，LON 幹(主)野村(副)日興，三菱Uモル，大和，みずほ 名三菱U信 監PwCあらた【銀行】三菱U，三井住友
【仕入先】―
【販売先】―

『会社四季報』2020年4集（東洋経済新報社刊）

- ❶-1 ………… 連結事業（各セグメントの比率など）
- ❶-2 ………… 業績（特に営業利益の伸び）
- ❷ ………… 業種・比較会社（業界動向）
- ❸ ………… 記事欄（コメントの中にヒントを探す）
- ❹ ………… 株式欄（特に時価総額）
- ❺-1 ………… 株価指標（予想PER）
- ❺-2 ………… 配当欄（予想配当利回り）
- ❻ ………… 株主（知っている名前があれば深掘り）

まず最初に【連結事業】→【業績】の順で見ていきます。どんな事業構成で、大きな売上を占めているのはどのセグメントか。近年の業績の推移はどうなっているか。売上高・営業利益の会社予想はどんな感じか。まずは基礎的なところを確認していきます。

特に重視するのは直近の業績です。売上高、営業利益、純利益をチェックしますが、中でも一番重要なのは「営業利益」です。『会社四季報』には営業利益のほかに税前利益、純利益が掲載されていますが、後者2つの利益には1回限りのイベント的な損益が含まれてしまいます。会社が稼ぐ力、つまり「実力」を把握するには営業利益を見るのが最適です。

業績は直近までの推移に加えて予想も掲載されています。会社予想と四季報の記者予想が掲載されていますが、私は四季報の予想は見ていません。会社予想の確認で十分だと思っています。なぜなら先述したように、私が投資する銘柄は、時価総額400億円以下の小型株に限定しているからです。現実的に考えてみると、『会社四季報』スタッフの限られた人員で、すべての銘柄をまんべんなく力を注いで分析するのは難しいと思います。特に時価総額の小さい銘柄はそれだけ投資対象、監視対象に加えている投資家も少ないので、『会社四季報』の編集部からすれば、いわば「ニーズが少ない銘柄」ということになります。実際、時価総額が小さい銘柄ほど、四季報予想が当たらない確率も高くなるように思いますが（これも、あくまでも個人の感想です）、それは仕方のないことだと思います。

逆に言えば、適時開示情報をもらさずチェックして、『会社四季報』の記者の予想には反映されないような業績のサプライズに気づくことが、私の投資手法の勝ち目になっています。

ただ、例えば東証1部、2部で時価総額1000億円以上くらいの企業ならば、情報もたくさん取れますし、四季報独自の取材も加えて、予想の確率がぐんと高くなると思います。実際、『会社四季報』の2期予想を銘柄選択の判断に使っている投資家の方はたくさんいます。

②業種、比較会社

【業績】の左上の小さなスペースですが、重要なのが【業種】【比較会社】です。

その会社のことを知らなくても、比較会社の中に知っている銘柄があれば、その銘柄のイメージもつかみやすくなります。また、業種がわかるとその業界の動向から先々を予測することもできます。「市場で注目されているテーマに乗っている」とか、逆に「先々は沈滞ムードにある」といった部分です。

もともとは、その銘柄の適時開示情報から読み取った「売上高と営業利益の変動率」に注目して先々を予測しているわけですが、そこに業種と比較会社の情報が加わると、「業界全体の流れ」から、その銘柄の将来をよりリアルに想像できるようになります。

③記事欄

続いて、【連結事業】の左で比較的大きなスペースが割かれている【業績記事】【材料記事】をチェックします。

先述したように、私の場合は、四季報の記者がすべての銘柄をまんべんなく分析できているわけではないという前提で『会社四季報』を見ますので、記事欄のコメントに関しても、そこを読むだけで銘柄候補の掘り下げ完了とはいきません。しかし、さすがに短いコメントの中に気になる単語や言葉がたくさんちりばめられていますので、それらの言葉を拾い出しながら、改めて自分で分析する際の「着眼点のヒント」として使います。

④株式

【株式】【財務】と並んでいる小さな欄ですが、ここで「時価総額」を確認します。私が手がける銘柄は、もともとは時価総額１００億円以下の小型株がほとんどでした。小型株のほうが動意づいた際（株価が少しずつ上昇を始めた際）の値動きが良いからです。最近では意識的に範囲を広げて、時価総額４００億円程度の銘柄も適時開示情報でチェックするようにしています。

⑤株価指標、配当

右上の株価指標の中で「予想ＰＥＲ」と、【配当】欄に記載されている「予想配当利回り」をチェックします。

この欄の予想ＰＥＲと【指標等】に記載がある「調整１株益」をベースに、適時開示で読み取った四半期の利益を足し引きすれば、ＰＥＲの変化を概算することができます。割安感のあるＰＥＲになるという予測が立てば、投資妙味が出てくるということです。

⑥株主

スペースの中央に位置する【株主】欄も注目です。私は投資家仲間と日ごろ情報交換をすることがありますし、銘柄情報を得るためにツイッターの「株クラスタ」（#株クラスタ、#株クラ）をチェックすることもよくあります。その中で、本名を知っている方のお名前が【株主】欄の下のほうにあったりすると、深掘りの優先度を上げることがあります。

個人投資家で本名が知られている方は多くはありませんが、例えば外国人、創業者といった特別な主体の保有比率を銘柄選別の手がかりとする手法も考えられると思います。外国人投資家は業績にシビアなので利益が出なければ手放すのも早い傾向にあります。一方、創業社長の株式保有率が高い新興企業などは、会社の利益を上げるために本気で経営に取り組むでしょうから、成長していく可能性は高いでしょう。

『会社四季報』をヒントに拾い上げた「勝ち銘柄」はコレ！

『会社四季報』で買いを決めたピックアップ銘柄①

事例を挙げて説明すると、最近『会社四季報』を読んでピックアップした銘柄の一つに「Keeper技研」（6036）があります。適時開示情報を見ていく中で、かなりの業績好調ぶりが目につきました。東証1部上場企業ではあるのですが、その時点では何を取り扱っている会社なのかよくわかっていなかったので、まず『会社四季報』にあたりました。

キーパーとは自動車の塗装の上に施すコーティングで、ＫｅｅｐｅＲ技研はコーティング材料の卸のほか、サービス店舗の運営も行っています。記事欄を見ると、「ＥＸ ＫｅｅｐｅＲ」という高単価のコーティングが売れ行き好調と読み取れました。業績への影響大と想定し、さらなる深掘りを行った結果、投資を決断しました。買ったのが8月で、１カ月程度でいったん利確（利益確定売り）。10月に入って再度保有しています。最初に買いを入れて以来、今日（２０２０年11月時点）までに約2倍に上昇している成功銘柄です。

『会社四季報』で買いを決めたピックアップ銘柄②

「スクロール」（８００５）は最近買い始めた銘柄です。この銘柄も適時開示情報で売上高の伸び率が目につきました。カタログ通販主体ですが、ネット通販を伸ばしていて、この銘柄もウィズコロナでのＥＣ系ビジネス躍進にしっかり乗った感じです。ただし、10月からはワクチン開発が進んでいるという報道がなされて、ＥＣ系ビジネスにも一服感が出ています。

この銘柄には以前にも投資したことがあるのですが、実はちょっとした「クセ」があります。広告宣伝費の増減によって、営業利益が大きくブレることがよくあるのです。このことを知っている投資家が買い控えているので、株価がいま一つ上がり切らないという感じでした。

ところが定点観測の一環として『会社四季報』などを常に確認していたところ、記事欄に「配当性向4割メドで増配」と書いてあったのを見て、深掘りすることにしました。

２０２０年第１四半期の１株益を『会社四季報』で確認し、適時開示情報で第２四半期の数値を足すと、1株益は86・1円となり好調。続く月次も好調なので、第3四半期には1株益が30円程度プラスになるだろう。そうなれば配当利回り6％、PER7倍が視野に入り、割安インパクトは相当大きいだろう……と読んで買い増ししています。

『会社四季報』を基に買った銘柄で印象強かった銘柄

過去に買った銘柄の中では、「クルーズ」（2138）が印象に残っています。

同社はもともとソーシャルゲームとネイティブゲームの両方を手がけるゲーム会社でした。定点観測の一環として『会社四季報』で常にウォッチしていましたが、今ではなんと「SHOPLIST」というファストファッションECの売上が7割以上を占め、まったく異なる業態へと変貌しています。季節ごとに『会社四季報』を見ていれば、こうした業態変化が着々と行われていることも一目でわかるのです。

このほかの私の投資情報源としては、投資家仲間の情報、ツイッターの「株クラスタ」などのSNS検索、そして『株探』です。『株探』は株式市場の動向を探るのに役立つウェブサイトですが、特に私は「市場ニュース」タブの先にある「人気ニュース・ベスト30」をよくチェックしています。このように便利な情報ツールがどんどん登場してくる中で、雑誌版の『会社四季報』は、それ単独で投資判断を行っても、情報のタイムラグや深さの点で不十分であることは否めません。しかし「銘柄に関心を持ち、深掘りするきっかけ」として非常に優秀な情報源であることは間違いありません。

スクリーニングに頼らない退場2回の経験が生んだ手法

「投資や株価は期待通りにはいかない」これが私の株式市場との向き合い方です。極力、自分の思い入れや勝手な期待を上乗せしないようにするためには数字による分析が肝心だと考えています。『四季報オンライン』を活用しながら、過去の適時開示や決算説明資料を基に独自に成長率を計算。成長が毎年10％や20％あれば株価

Yoshi（よし）

60代前半の専業投資家。投資歴20年の間に退場経験2回。リーマンショック後に現在の手法に出会い千数百万円を元手に再起。現在は資産6億円超。読破した投資本はたった1冊と、ほぼ完全独学で手法を築く。

も連動するというスタンスです。そうは言っても株価は売上の伸びにきれいに連動しないので、値動きの特徴も同時にチェックします。

スクリーニング機能は、株式分割の適用時期がずれていたり配当の金額が間違っていたりと、自分が考えている方法で算出されていないことがあっても気づきにくいものです。なので、独自にデータを集めて表にしています。また、来期予想などの未来の話は不正確で当てにならないものが多く、自分で計算したほうがいいと思っています。いつもこのくらいの上方修正を出すといった確度的なものは自分の感覚を信じて予想します。個別銘柄について深く分析することはまずありません。上場企業約3800社の中から業績が伸びている会社さえ見つけられれば、数字ベースで将来の時価総額を予想し、結果数十社に分散投資するのが私の基本戦略になります。

ちなみに信用買いはもちろんのこと、未来予測や値動きの特徴を掴むと下落も予想できるので、空売りもしますが安全サイドに振ることは常に心がけています。なにせ2回退場していますので。

信じるのは決算の数字だけ詳細な企業分析なしで分散投資

二度の退場から学んだ株価の裏付けの大切さ

投資を始めてもう20年以上になります。600万円の資金で株式投資を始めました。当時はITバブル真っ盛り。ネットを使った事業を始めさえすればなんでも株価がバンバン騰がる状況で、その波に乗り資産を10倍近い5000万円にまで増やしました。しかし、バブル崩壊によりあえなく全額失いました。いわゆる市場からの退場です。

その後、意を決し再起を図り、今度は不動産流動化銘柄で勝負を挑みました。あれよあれよという間に資産が増え、今度はなんと3億5000万円まで増やしました。しかし、それも2006年のライブドアショックと2008年のリーマンショックを立て続けに食らい、再びほぼすべて溶かし、資産は千数百万円ほどになってしまいました。

さすがに二度も失敗を繰り返すと、三度目もある可能性を否定できません。そこで自分の投資スタイルを振り返ることになりました。それまでの投資はあまり深く考えず感覚で売買をしていて、ブームになっている銘柄に集中投資をしていました。資産を一気に増やすことはできましたが、必ず失う結果となっているのには理由があるはず。そこで考えたのが、企業の価値や株価の裏付けとなるものは一体何なのかを研究し、分析するということでした。

それが、次から述べる『四季報オンライン』を使った手法です。

注目銘柄を探す手段は毎日の適時開示確認

まず、自分の感覚や感情、思い入れなどは、事実をゆがめる要因になるので株式投資においては極力排除しようと決めました。一方で、数字は嘘をつかないと考え、そこを徹底的に分析する手法としました。

銘柄発掘は、適時開示情報閲覧サービス（ＴＤＮｅｔ）で、毎日適時開示を確認することから始めています。数字をベースに投資をすると決めたので、私は特に業績発表に注目します。四半期決算を眺め、成長性が高いもの、さらには2期連続で増収増益を達成している企業などを注目銘柄としてストックしていきます。ちなみに私は専業投資家として日常生活のかなりの時間を投資に割くことができていますので、数百銘柄以上を追いかけて見ていますが、兼業投資家などで時間確保が難しい方は、ニュースなどで気になった銘柄のみ分析すればよいかと思います。注目リストに上がったら、いよいよ『四季報オンライン』の登場です。

『四季報オンライン』の適時開示情報からデータを拾う

私が一番に重要視するのは成長率です。基本的にその企業がどれだけ成長するかに応じて株価が騰がると考えているからです。

次は、その企業の時価総額と利益剰余金の規模を調べます。それと有利子負債。有利子負債は少ないほうがよいです。借金がある企業はそれだけでリスクが高まりますので、結果PERが低く抑えられる傾向があります。つまり株価が上昇しにくくなる要因になります。

また、PBRも見ます。一般に言われるように1倍以下の低いほうがもちろんいいのですが、私の投資手法では参考程度です。低いからいいとか、高いからダメという手法ではありません。あくまで全体的な数字のバランスを見るうえでの1項目です。

第一歩として、その企業の四半期決算の数字を拾います。拾う数字は売上高と経常利益、純利益です。ちなみに経常利益があまりに営業利益との差が激しい場合、営業利益も併用します。現在は、ツールの進化とともにいろいろな手段で四半期決算を拾うことができますが、私は『四季報オンライン』の適時開示情報（TDNet）の項目を活用しています（図8）。

これは紙の『会社四季報』ではなく、『四季報オンライン』ゆえの利点ですね。紙の『会社四季報』は、情報が誌面で完結してしまっていますが、『四季報オンライン』だと各企業ペー

■図8 『四季報オンライン』の適時開示情報のリンク一覧

https://shikiho.jp/stocks/2385

四季報　企業情報　長期業績　過去の四季報

適時開示情報（TDnet）

2021年6月期　第1四半期決算短信〔日本基準〕（連結）	2020/11/12 15:00
定款 2020/09/25	2020/09/28 09:34
コーポレート・ガバナンスに関する報告書 2020/09/28	2020/09/28 09:31
2020年定時株主総会招集通知	2020/09/11 08:00
独立役員届出書	2020/09/10 17:00
2020年6月期　投資に関する説明会資料	2020/08/21 10:00
定款の一部変更に関するお知らせ	2020/08/17 15:00
2020年6月期　決算短信〔日本基準〕（連結）	2020/08/17 15:00
コーポレート・ガバナンスに関する報告書 2020/08/11	2020/08/11 10:51

『四季報オンライン』

ジからそれぞれの企業の適時開示情報を同じフォーマットで一覧表示させることができ、簡単に閲覧できるのが本当に便利です。また、紙はデータが年度別の集計で、しかも掲載時点までの情報ですが、『四季報オンライン』なら情報のアップデートもあり大変便利です。

『会社四季報』が百科事典だとするならば、『四季報オンライン』はウィキペディアのような存在でしょうか。

自作の表で企業分析

今回は、私が注目している銘柄である総医研ホールディングス（2385）を例に挙げ、具体的な手順を解説します。

過去の適時開示や決算説明資料を基に独自にエクセルの表を作成します。売上高、経常利益、純利益、それぞれの表を作成し、成長率を計算します。あえて自分で表を作成するのは、将来もこの手法を使い続けるためで、ツールだと自分の思った通りの表示ができなくなったり、表示レイアウトが急に変更されたりするなどのリスクの発生を回避できます。作成する表は図9、10のようなものになります。実際に私が使用する場合は、デザインソフトを使ったかなり特殊なものになります。文字の大きさを変更したり、色やフォントを駆使してグラフィカルにしたものを自作していますが、内容自体は左ページの表と大きく変わりません。

上場企業は四半期ごとに情報公開を義務づけられているので、このようにして四半期決算の数値を並べると、累積業績では見えてこない特性が現れてきます。総医研の場合ですと、売上はほぼ順調に伸びていることが確認できます。また、２０２０年度の第1四半期に売上の伸びが急に鈍化しているように見えますが、それは前年に売上を大きく伸ばした反動ではないかということが読み取れたりします。

また経常利益については、年度単位で見るとこちらも一見順調に利益が伸びているように見えますが、細かく見れば四半期ごとにはっきりと特徴があり、特に第1四半期には赤字になりやすい体質の事業だということが読み取れます。

この表を作成するにあたり、追加でさまざまな工夫が可能です。今回は、一例として前年の年間計画の予想値を一番右に記入してみました。これにより、毎年の予想が厳しめなのか、それとも大風呂敷を広げる会社なのかが読み取れます。総医研に関して言えば、非常に控えめな

■図9　総医研ホールディングス（2385）の売上高

単位：100万円

年度	第1四半期		第2四半期		第3四半期		第4四半期		年度合計		前年度通期予想
	売上	成長率	売上	成長率	売上	成長率	売上	成長率	売上	成長率	
2016	560		810		801		1042		3213		
2017	1051	87.7%	982	21.2%	1005	25.5%	1109	6.4%	4147	29.1%	3500
2018	1438	36.8%	1353	37.8%	1284	27.8%	1380	24.4%	5455	31.5%	5300
2019	2184	51.9%	1833	35.5%	1771	37.9%	1780	29.0%	7568	38.7%	6700
2020	2317	6.1%	2381	29.9%	2175	22.8%	2439	37.0%	9312	23.0%	8000
2021	2751	18.7%									10000

2020年度第１四半期は前年度の伸びが大きかったための低成長と考えられる

会社予想に対して、毎年上振れで着地

■図10　総医研ホールディングス（2385）経常利益

単位：100万円

年度	第1四半期		第2四半期		第3四半期		第4四半期		年度合計		前年度通期予想
	経常利益	成長率	経常利益	成長率	経常利益	成長率	経常利益	成長率	経常利益	成長率	
2016	-112		96		109		98		191		
2017	-25	-77.7%	46	-52.1%	169	55.0%	81	-17.3%	271	41.9%	255
2018	-43	72.0%	183	297.8%	185	9.5%	15	-81.5%	340	25.5%	430
2019	-40	-7.0%	328	79.2%	360	94.6%	229	1426.7%	877	157.9%	600
2020	-112	180.0%	483	47.3%	339	-5.8%	387	69.0%	1097	25.1%	920
2021	111	-199.1%									1300

第１四半期は毎年赤字という傾向が明らかに見られる（2021年度は例外）

予想を出す会社という印象が見て取れます。

あえて深掘り調査をしないことに優位性を見出す

ちなみに私は、この季節性や特殊要因といったものを詳細に分析したりはしていません。おそらく多くの優秀な個人投資家さんは、ここから詳細に深掘りすることが真骨頂であると考えるのだろうと思います。

しかし、私はそこから先の深掘りはしません。あくまでも数字を見るだけにとどめます。そして数字の印象からのみ、次期の売上や利益を予想します。そんなので大丈夫なのという疑問の声が聞こえてきそうですが、私は深掘りの調査がそもそも得意ではないことと、そこから先の調査は、かける時間に対して得られる情報が極端に少なくなっていくと考えているのです。

ですので、深掘り調査にかける時間はほかの銘柄を同じレベルで分析する時間にあてていま す。実際、先のようなエクセル表はこれまで1000社以上について作成しています。現在も関心を持ち更新を続けている会社は200社前後となります。網羅的に銘柄を見ては、いいと思った会社を分散して購入します。深掘りしないので、当然はずれを引く機会も増えることが十分予想できますが、そこは選りすぐった銘柄を多く見つけ、数でカバーしようという戦略です。そもそも時間をかけて深掘りしても、必ず期待する結論が出るという保証はどこにもありません。そうすると、その調査時間は非常にもったいないことになります。

もちろんどう考えるかは、個人個人の投資戦略やスタンスの違いがあって構わないと思います。しかし、私の基本戦略は、同じ基準でより多くを俯瞰的に観察するものになります。

チャートから値動き特性を把握

もう一つ、『四季報オンライン』の活用法を挙げたいと思います。それは、銘柄ごとの株価推移の特性を掴むことです。順調に売上が推移する中でも時折大きく株価が下落するなど、調整する場面に遭遇することがあります。そのようなときに狼狽売りをしないための事前準備のようなものです。

『四季報オンライン』では株価チャートが見られますが、マウスをかざすことでその日の株価情報が簡単に見ることができます。始値終値、高値安値などです（図11）。

この情報を使って、もう一つのデータ表をエクセルで作成します。それが図12です。これはチャートを見ながら直近の値動きの中で高値を付けたと思う個所と安値を付けたと思う日のデータを抽出したものです。ひとまずその日付と株価を書き出します。そうして、株価に発行株数を掛け合わせた時価総額と、予想1株利益から算出されるＰＥＲも同時に記載します。

この作業を過去のチャートをさかのぼって情報収集します。これから何がわかるかというと、

■図11　チャートで始値終値、高値安値などその日の株価情報を確認

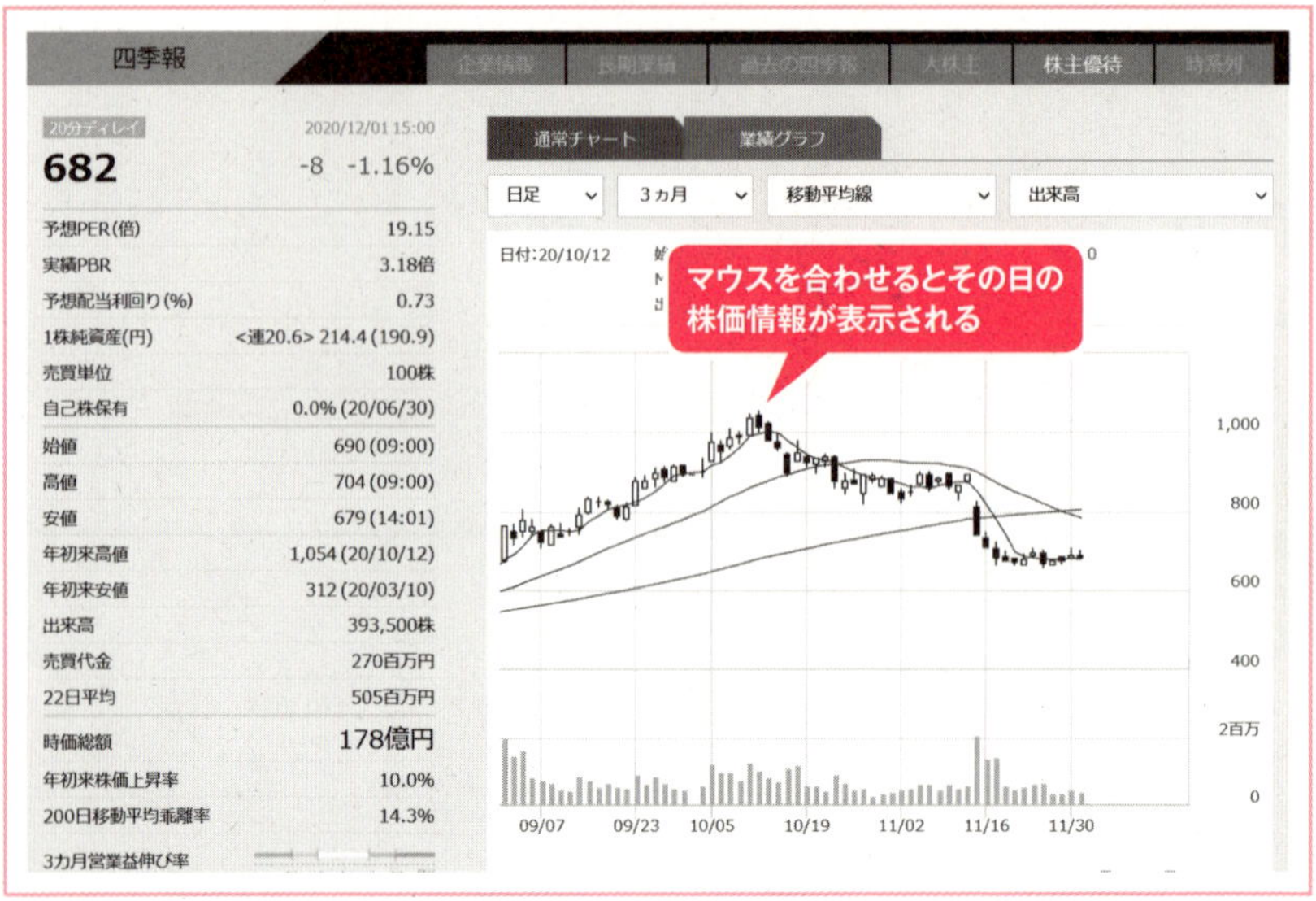

総医研ホールディングス(2385)　『四季報オンライン』

まず、この株はたった1カ月の間に１０５４円から６６１円という37％もの株価の下落があったことがわかります。実は、２０１９年の７月から８月にかけても同様に37％ほど株価が下げたことがありました。このことから、この銘柄を取引する際には37％のドローダウンを許容できるようにしておく必要があると判断します。

また、逆に特段の理由なく下落しても37％で買い圧力が高まり反発する可能性があると読み取れます。

時価総額については55ページで詳細に解説するとして、次はＰＥＲです。ＰＥＲは1株当たりの純利益の何倍になっているかを示し、株価が割安か割高かを判断するのに一番よく使われる指標です。私の場合は、会社予想ではなく自分の予想する利益で計算します。ここは本来、独自予想を出す『会社四季報』が得意とすると

■図12　株価推移を確認して銘柄の特性を知るための表

	日付	株価	時価総額	PER
高値	2020/10/12	1054円	275億円	30倍
安値	2020/11/19	661円	174億円	19.4倍

1カ月で37％下落したことがわかる

PERは20倍から30倍の間で推移する可能性が高いと判断される

	日付	株価
高値	2019/7/11	736円
安値	2019/8/26	465円

過去の情報を調べると1カ月半で37％近く下落したことがあった!

ころだと思うのですが、私はあえて他者の予想を信じず、自分の予想で計算します。

ここを人任せにしてしまうと、公の会社予想も含め、予想した人の基準となってしまうので比較が難しくなることと、そもそも提供される数値を信頼していないということがあります。

ＰＥＲは株式分割や自己株式の償却などさまざまな要素が変動要因として挙げられますが、過去に何度か私の認識する数字とずれが生じることがあり、ここは独自予想としています。

ただ独自予想といっても、先ほども申し上げた通り、いくらのどの商品がどのくらい売れるから今期の利益はこうだ、というような詳細分析をするのではありません。あくまでも過去の数字の積み上げの延長線上として、四半期決算の数字から読み解きます。

ちなみに月次進捗を出す企業もありますが、

それは分析には利用しません。さすがに調査には限界がありますので。ただ後述するように売却時に参考にすることはあります。

株は買いたいときが一番安値であり買い時

いい銘柄を見つけたら、次はその銘柄の買い方です。私の場合、買いは欲しいときに買うのが基本です。手法が順張り投資なので、その銘柄がいいと判断してチョイスしているのならこれから株価が騰がると予想しているわけで、今、このときが一番安いと考えています。

指値注文では買いそびれることがあるので、板にぶつける形で購入することが多いです。そして、買うときは買いたいと考えている量を一気に買うことが多いです。もし時価総額が小さく流通量が少ない場合は、場中に張り付いて大きめの板が出たところを見計らって板にぶつける形で買い集めるのが基本です。

購入時には、必ずチャートを確認します。何かの理由で直近暴騰したりしていれば、購入を避けることはありますが、それでも安いと思えるのなら、そのときは一気にではなく少しずつ買うように工夫しています。購入するボリュームですが、基本的には過去の反省から分散投資を心がけているので極端に1銘柄に寄せて買うことはしません。ただ、その中でも下値不安がなさそうだとか、業績がすごくよくて勢いがあると思えるときには、大きめにポジションを取ることがあります。例えば、業績がよくて調整したところであればチャートを吟味して多めに購入します。メドピア（６０９５）という医師向け情報サイトを運営している会社の場合は、類似企業のエムスリー（２４１３）の株価がＰＥＲは高くても堅調に推移していることを鑑み、それに比べると割安に思えることから割と大きめにポジションを取るなどしています。

売却の基準は事前に決めた時価総額に到達したとき

次は売り方です。私は購入する段階である程度、売却の値段を決めています。その会社の成長を予想し、その値段に達したら利益確定をします。しかし、その値段の決め方は株価ではなく、時価総額で評価しています。ここは重要なポイントかと思います。時価総額で見るのは、株式分割や新株発行などの影響を受けない指標として通用するからです。私は比較的長期で保有することも多いので、途中で発行済み株式数に変化があるとすべてのデータに修正を加えなくてはなりません。その点、初めから時価総額ベースで記録を残し判断していけば、統一基準で簡単に比較できます。図12で示したように、記録に時価総額を加えているのはそのためです。

また、小型株は四半期決算の業績発表が株価に大きく影響を与える傾向があり、ひどい四半期決算の場合、一発で大損することがあります。そのため小型株の決算前は月次進捗などをチェックして、できるだけ先回りして売ることを検討します。仮に、そこまで決算が悪くなく儲け損なっても許容します。別の銘柄で儲ければいいのですから。大損が一番ダメなのです。四半期決算を見ていると、例えば前期めちゃくちゃ売上を伸ばしている場合、今期は同じペースで売上を伸ばすことが難しいというケースがあります。実態としては、前期がよすぎたということでも、市場の反応がそうではない場合もあるため、ハードルが高い目標になるとわかっている前で売却してしまうこともあります。保有している銘柄数が多いのであえてリスクは取らず、基本は弱気寄りのスタンスで臨んでいます。

直近の相場は異常な値動き

以上が私のメイン手法です。このほか、市場全体を見渡しながら銘柄を選ぶため、業績予想の結果などから株価があまりに割高であると判断すれば空売りもします。しかし、今の相場は減収減益でも株価が高値更新するようなことがあり、まったくうまくいきません。伊藤園（２５９３）では、２０１３年より業績が下で、会社予想に対してもマイナスで着地したのに、株価は右肩上がりで空売りしては踏まれ、損を続けています。株式市場の怪奇です。ダイキン工業（６３６７）でもＪＳＲ（４１８５）でも同じように大損しました。それでも数字による分析が肝心なのは変わりません。もう一度、資産をゼロにすることがないように分散投資を心がけ、今はＰＢＲも見るようになりました。同じ失敗を繰り返さないことを心がけています。

第2章

『株探』活用編

億り人の『株探』活用法

すぽさん／DUKE。さん

『株探』を使いこなす

株式投資に必要な情報がワンストップで手に入る

グローバルナビを使いこなす

充実した機能で多くの投資家に愛好されている『株探《かぶたん》』ですが、機能が豊富なぶん、逆に投資初心者の方などは、「どこから見ていいかわからない」というような戸惑いもあるかと思います（図13）。

そこでまず、この章では『株探』の基本的な機能を説明し、後段で「億り人」の投資家の方々からその活用術を伝授してもらうことにします。

まず、『株探』サイトの上段にある「グローバルナビ」から解説しましょう。これは基本的に、『株探』のどのページにも表示されます。グローバルナビは、画面左から「トップ」「市場ニュース」「決算速報」「株価注意報」「会社開示情報」「銘柄探検」「日本の株主」「市場マップ」の順に並んでいます。これらを一つひとつ見ていきますが、最初は企業の基本的な「決算速報」を見てください。

■図13　『株探』トップ画面には、すべての欲しい情報が集約されている

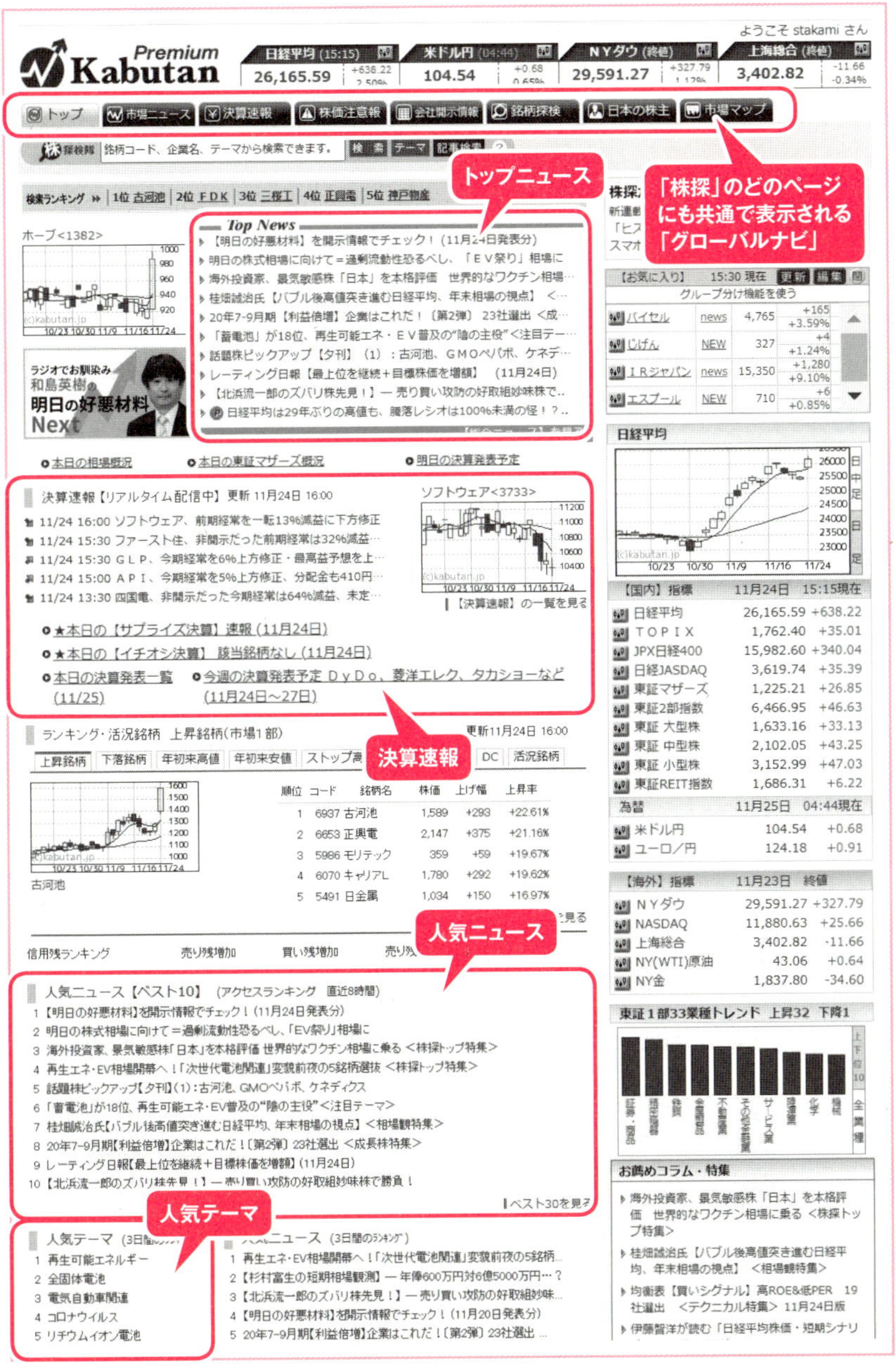

●決算速報（図14）

ここでは企業の決算発表や業績修正の開示を紹介すると同時に、業界最速といわれる株探独自エンジンが、それらの決算を分析記事にしてリアルタイムで配信しています。

また、決算速報は個別銘柄の「ニュース欄」から見ることもできます。「グローバルナビ」の決算速報は1カ月間、個別銘柄の決算速報は過去2年分、掲載されます。

このほかにも決算情報を入手するルートはいくつかあります。例えば次に紹介する「市場ニュース」にも「決算」というタブがあって、決算の一覧を見ることができます。これは発表のあった日付で絞り込むこともできます。

また、「市場ニュース」の「注目」というタブをクリックすると、文字通り注目情報が掲載されていますが、この中でほぼ毎日「★本日の【サプライズ決算】速報」が掲載されています。これは「今期【最高益】を予想する銘柄」「今期【大幅増益】を予想する銘柄」「今期【黒字浮上】を予想する銘柄」などが、文字通り「サプライズ」順に掲載されるものです。さらに有料のプレミアム会員になると、「★本日の【サプライズ決算】超速報（○月○日）」や「超速報・続報（○月○日）」というプレミアム専用の速報を入手することができます（図15）。

●市場ニュース（図16）

ここでは国内外の株式市況、話題・注目銘柄の関連・材料ニュースを配信しています。

ここには「市況」「材料」「注目」「決算」「特集」「特報」「5％」「テク」「速報」「通貨」「経

■図14　決算速報：決算や業績修正の開示情報をリアルタイム配信

トップ　市場ニュース　決算速報　株価注意報　会社開示情報　銘柄探検

株探検隊　銘柄コード、企業名、テーマから検索できます。　検索　テーマ　記事検索　?

トップ ＞ 決算速報

決算速報

全市場	市場1部	市場2部	新興市場

1 2 3 4 5 次へ＞ »　15件　更新

11/24 16:00　修正　ソフトウェア、前期経常を一転13%減益に下方修正

11/24 15:30　修正　ファースト住、非開示だった前期経常は32%減益、未定だった配当は43円実施

11/24 15:30　修正　ＧＬＰ、今期経常を6%上方修正・最高益予想を上乗せ、分配金も58円増額

11/24 15:00　修正　ＡＰＩ、今期経常を5%上方修正、分配金も410円増額

11/24 13:30　修正　四国電、非開示だった今期経常は64%減益、未定だった配当は30円実施

11/24 11:30　修正　トーセイ、今期税引き前を13%上方修正、配当も3円増額

11/20 16:45　修正　ケネディクス、今期経常を一転7%減益に下方修正、ＴＯＢ実施に伴い期末配当見送り

11/20 15:30　修正　ＤＩシステム、株式分割に伴い配当予想を修正

11/20 15:30　修正　ＧＭＯペパボ、今期最終を一転39%増益に上方修正・最高益、配当も20円増額

■図15　サプライズ決算で紹介された銘柄の株価は大きく動く可能性大

市場ニュース

戻る　LINE

2020年11月24日15時08分

【注目】★本日の【サプライズ決算】超速報（11月24日）　［プレミアム専用］

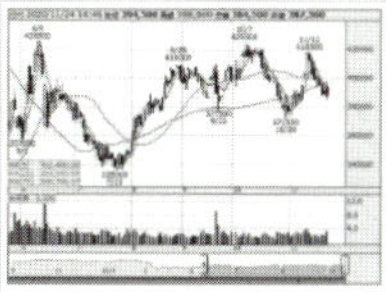

ＡＰＩ　＜日足＞　「株探」多機能チャートより

1）11月24日引け後に発表された決算・業績修正

◆配当増額した銘柄（サプライズ順）

アクティビア・プロパティーズ投資法人〈3279〉［東証Ｒ］今期経常を5%上方修正、分配金も410円増額

2）11月25日の決算発表銘柄（予定）　★は注目決算

■引け後発表

◆第1四半期決算：

〈2391〉プラネット［ＪＱ］

合計1社

●「株探」では、株価、PER、決算ポイントを併記した【決算発表・業績修正】銘柄一覧をご覧いただけます。

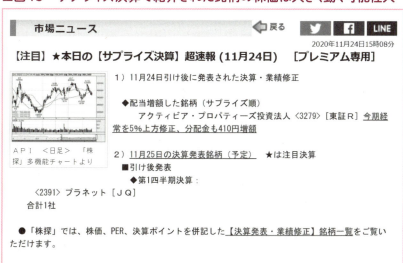

済」という11のタブ、そしてそれらをまとめて見られる「総合」というタブが用意されています。以下、ざっと次のような内容です。

「市況」国内外の株式市況
「材料」株価が変動する要因となる材料ニュース
「注目」話題・注目銘柄の関連・材料ニュース
「決算」決算情報（※決算「速報」ではないので注意）
「特集」今、最もホットなテーマの分析記事や、著名人、投資家コラムなど
「特報」【話題株先読み】、寄前【板情報】、寄前【成行情報】などスピード感のあるニュース（主にプレミアム会員向け）
「5%」株価に影響を及ぼしやすい大量保有（5%ルール）の情報
「テク」本日の【ゴールデンクロス／デッドクロス】などのテクニカル情報（主にプレミアム会員向け）
「速報」株価にインパクトがある「適時開示」などの速報
「通貨」為替関連のニュース
「経済」厳選された経済ニュース

この中で、例えば「注目」のところを見たとき、「本日注目すべき【好決算】」という見出しで紹介された銘柄などを、試しにその日の寄り付き（午前9時）から見てみてください。その

■図16　市場ニュースの「注目」情報を見る

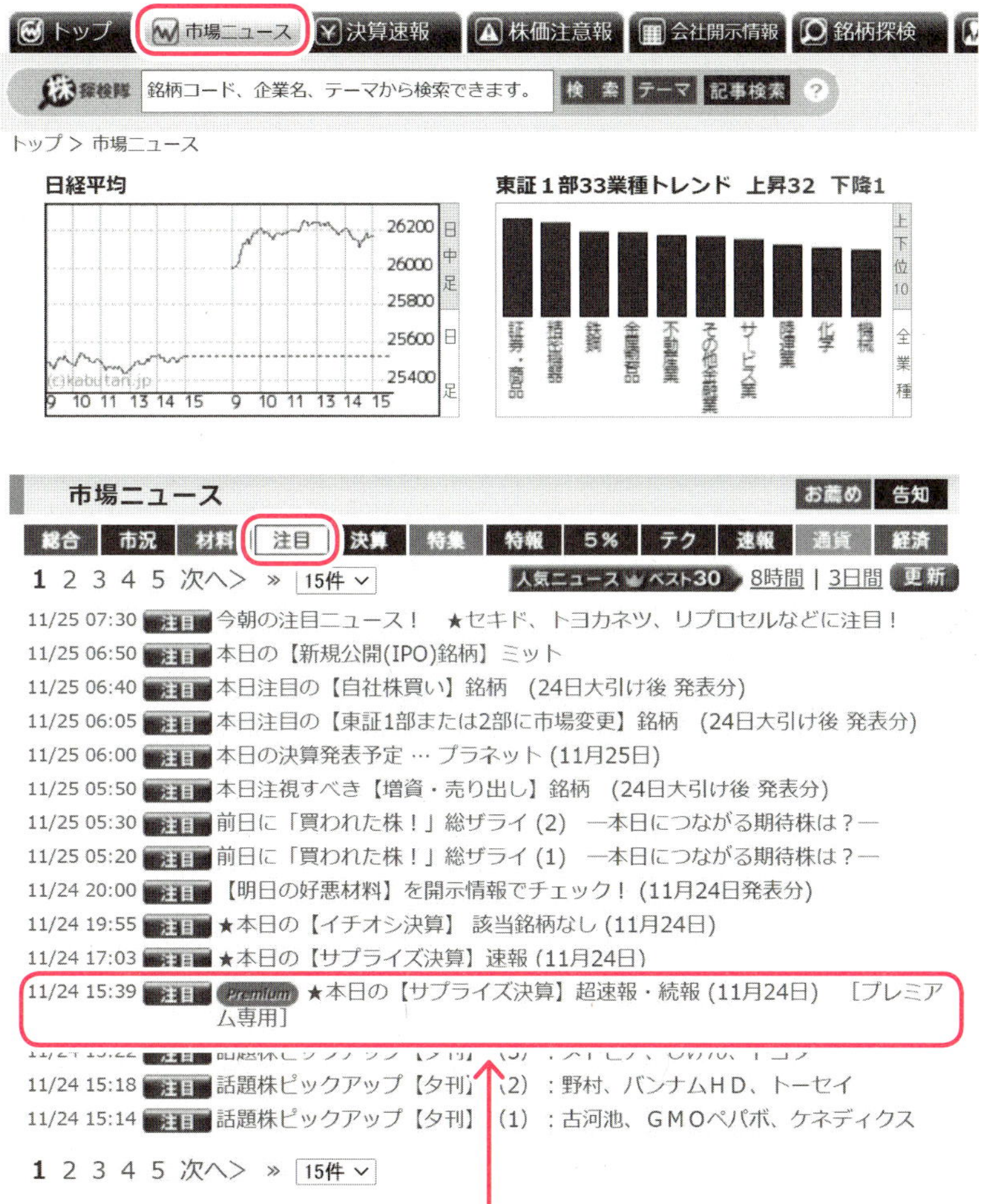

「市場ニュース」→「注目」のタブをクリックすると、「【サプライズ決算】超速報・続報」が出てきた。サプライズ決算の「超速報」と「超速報・続報」はプレミアム会員限定情報。

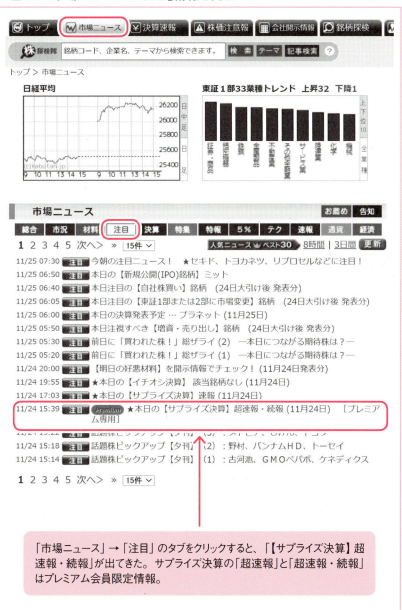

多くは株価が急上昇していると思います。「株探」が市場に及ぼす影響が、いかに大きいかということが実感できると思います。

●株価注意報（図17）

ここには株価が大きく動いた銘柄や、その要因となるニュース、決算などが一覧で掲載されています。例えば「本日の動向」の中には「本日の活況銘柄」「本日の株価上昇率（下落率）ランキング」「本日のストップ高（安）銘柄」「本日、年初来高値（安値）を更新した銘柄」「日経平均の寄与度ランキング」「東証一部【業種別】騰落ランキング」というメニューが一覧で表示されています。

また、「ニュース」のところでは「動意株ニュース」や「市場速報」「朝刊ニュース」、「決算」のところでは、本日の決算発表予定や、前日の取引期間中、もしくは取引終了後に決算発表・業績予想を修正した銘柄などの情報を掲載。「テクニカル」のところでは「本日のゴールデンクロス（デッドクロス）銘柄（5日と25日移動平均線）」や、「本日、株価が25日移動平均線を上（下）抜いた銘柄」を紹介しています。

さらに一番下には、「信用売り（買い）残の増加（減少）ランキング」など、信用取引の需給に関するランキングが載っています。

いずれも株価に大きな影響を与える直近の要因ですので、文字通り「注意」してチェックしておくことをお勧めします。

■図17　株価注意報で株価が大きく動いている旬の銘柄を探す

●会社開示情報（図18）

企業の開示する情報が、開示日時の新しい順に時系列で掲載されます。「決算」「自社株取得」「エクイティ」「追加・訂正」「その他」そして、それらを統合した「総合」に分かれています。「決算」では、決算短信や業績予想の修正など、「エクイティ」では第三者割当増資の情報など、「その他」には、株主総会の招集通知などが掲載されています。ほかはタイトル通り「自社株取得」、決算発表などの「追加・訂正」に関する情報です。

●銘柄探検（図19）

ここでは「ファンダメンタルズ」「テクニカル」の両面から銘柄を検索できます。「ファンダメンタルズ」の項目には、例えば「業績上方修正が有望銘柄」の中の「【第1四半期】時点 中間期上振れ 有望銘柄」というところをクリックすると、該当銘柄のランキングが表示されます。『株探』サイトではランキングについて次のように説明されています。

「本欄では、直近に発表された第1四半期決算で、経常利益が会社側の中間期計画に対してどこまで進んだかを示す「対中間期進捗率」に注目しました。対中間期進捗率が高いほど、中間期計画が上方修正される可能性が高くなります。

さらに、季節により収益に偏りがある飲料メーカーなどの上方修正の可能性を探れるように、対中間期進捗率の過去5年平均を併記。対中間期進捗率が高く、その進捗率が5年平均より高ければ、上方修正の可能性がさらに高いことを示します。」

■図18　会社開示情報：会社の開示情報が一覧で見られる

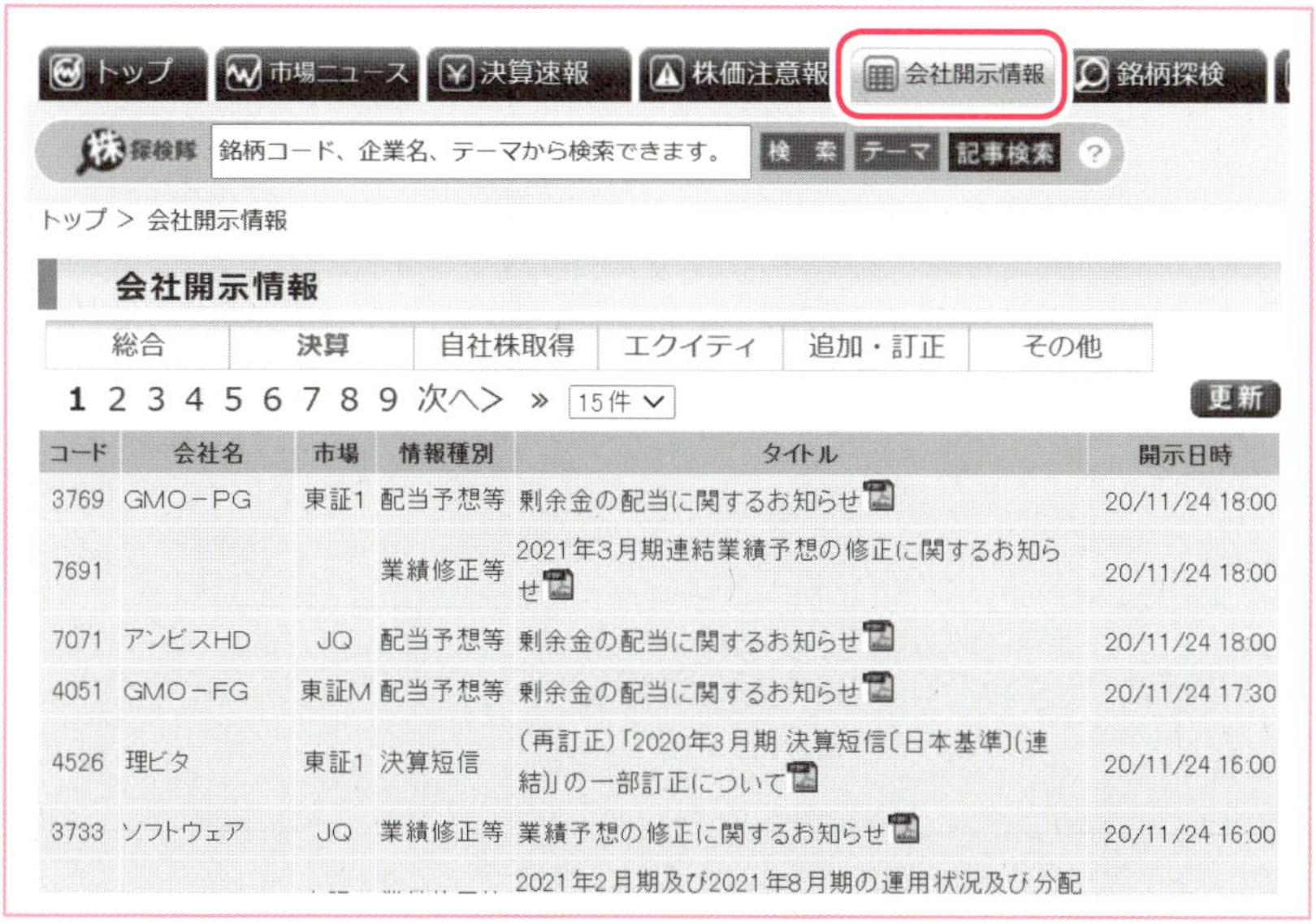

■図19　銘柄探検：ファンダメンタルズ、テクニカル両面から銘柄探し

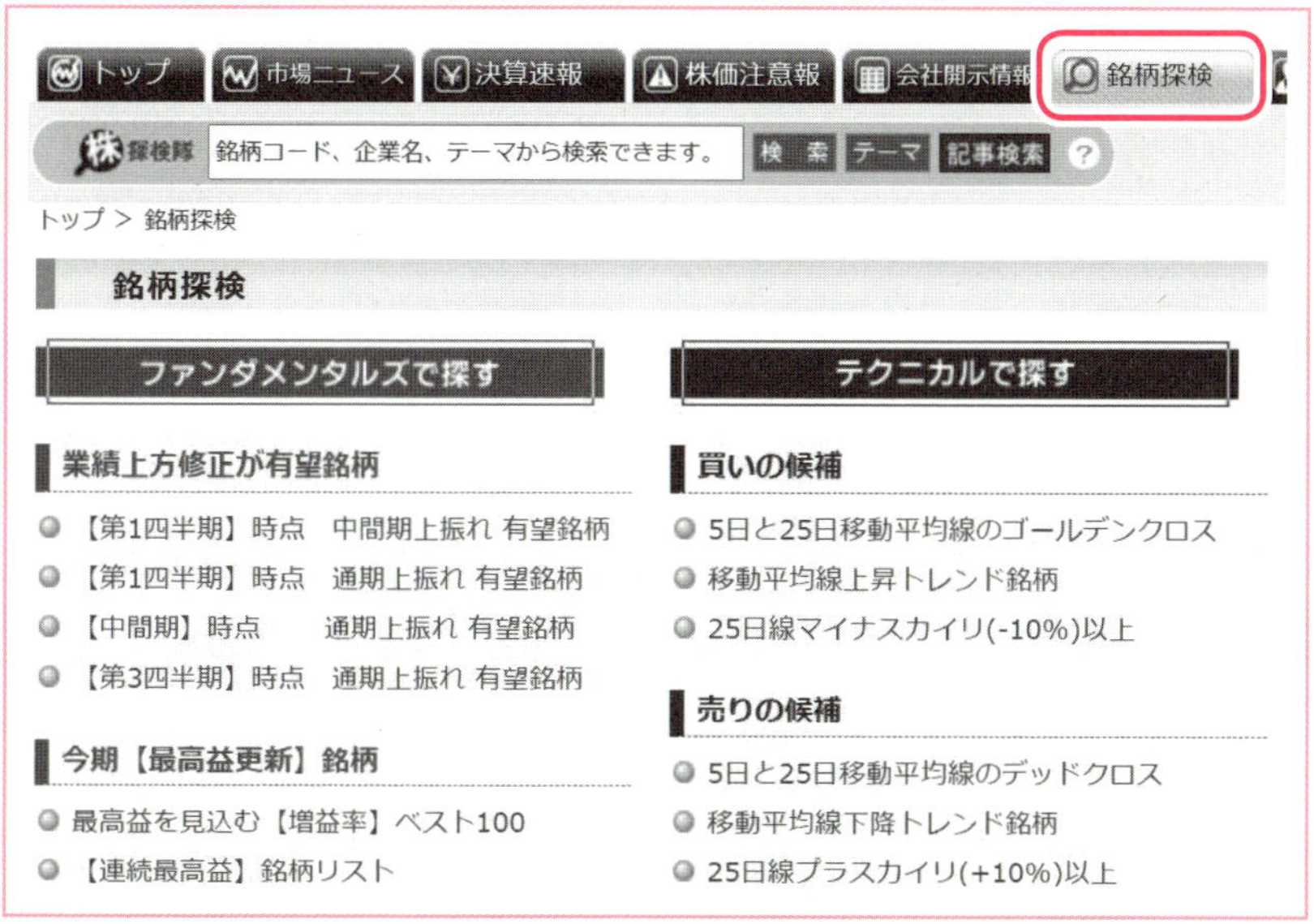

そしてこの下にはランキング表が出てきますが、その記載方法は、【時価総額≧50億円 ＆ 対中間期進捗率≧65％ ＆ 直近進捗率≧5年平均進捗率】の条件で対象銘柄を絞り込み、［対中間期進捗率の高い順］→［5年平均進捗率の低い順］に記しているとのことです。

一方、「テクニカル」のほうには、例えば「買いの候補」として、「5日と25日移動平均線のゴールデンクロス」「移動平均線上昇トレンド銘柄」「25日線マイナスカイリ（－10％）以上」などの銘柄のランキングが掲載されています。

●日本の株主（図20）

ここでは、全上場会社における世界の機関投資家を中心とした日本株の保有状況と大株主における保有割合の増減情報を提供しています（プレミアム会員向け）。

「有価証券報告書」編は、有価証券報告書に記載されている「大株主の状況（上位10件）」に基づいて、大株主が保有する銘柄リストを掲載しています。また、「大量保有報告書」編は、保有割合5％以上の株主に提出が義務づけられている大量保有報告書に基づき、特定株主について保有割合の増減記事を一覧で掲載しています。これにより、当該大株主がどの銘柄を買い、どの銘柄を売っているかが明らかになります。なお、このページでは保有時価総額や保有社数が多い株主を中心に掲載しています。そのほかの株主については、個別銘柄の「大株主」ページで掲載している株主名から保有銘柄リストを調べることができます。

■図20 日本の株主で「大株主」の動向を探る

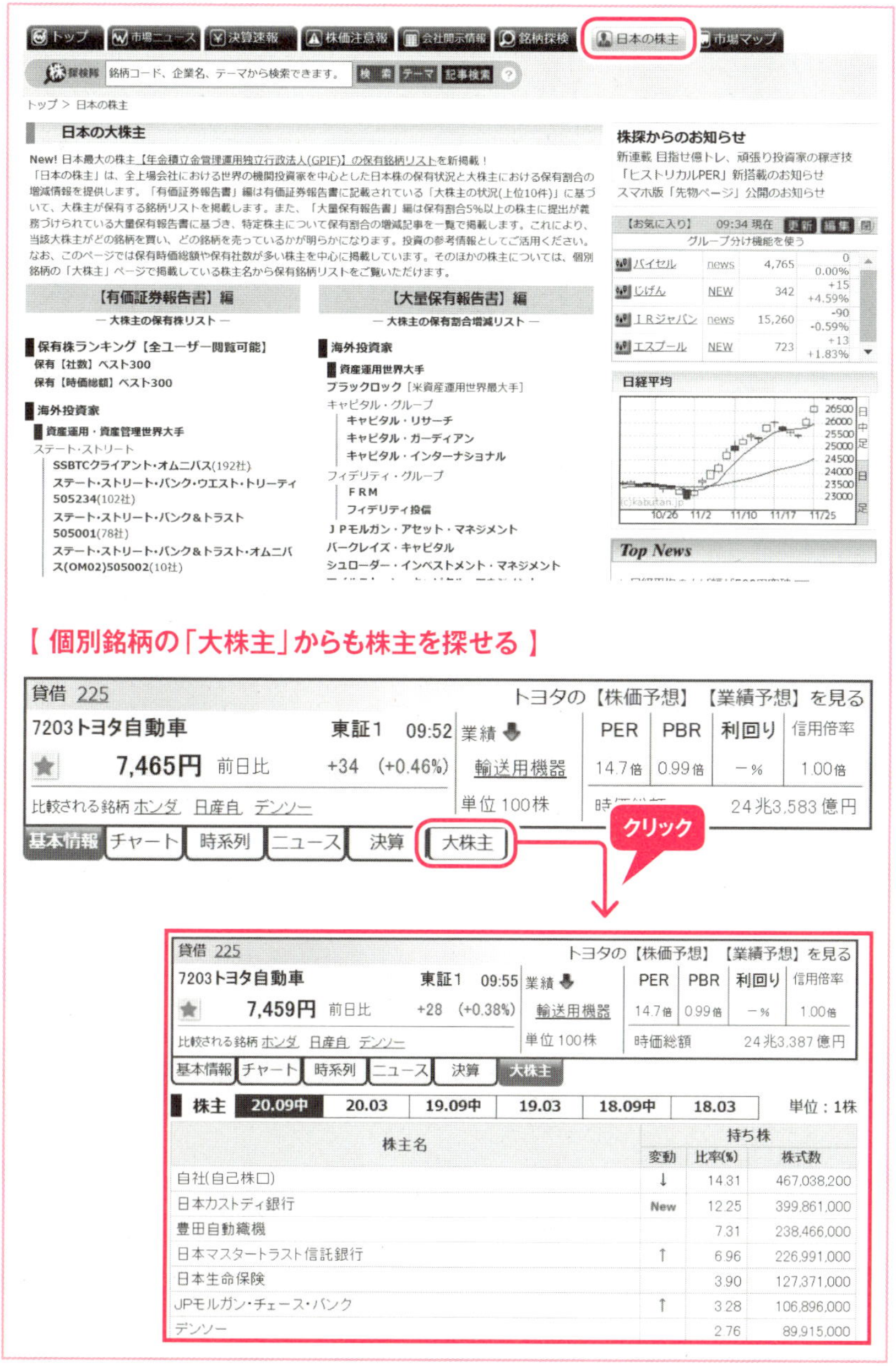

●市場マップ

東証1部、2部、新興市場などの市場ごとに、全銘柄を業種で区分し、株価上昇・下落率や、PER、経常増減益率などの水準を色分けした市場マップ（分布図）が見られます。株式市場全体が俯瞰でき、市場・業種動向が一望できます。

●トップページから欲しい情報にダイレクトに飛ぶ

「グローバルナビ」で紹介した「決算速報」「ニュース」などの情報は、トップ画面を下にスクロールしていけば、そのダイジェストを見ることができます。例えば「サプライズ決算」の速報を見たい人は、「市場ニュース」→「注目」という遠回りをしなくても、トップページの「★本日の【サプライズ決算】速報（○月○日）」からダイレクトに入ることができます。

また、「人気ニュース」や「人気テーマ」の【ベスト10】【ベスト30】は3日間の人気ランキングと直近8時間のランキングが掲載されています。例えば「【明日の好悪材料】を開示情報でチェック！」をクリックすると、先ほど説明した「市場ニュース」→「注目」の当該情報にダイレクトで飛ぶことができますので、効率的に欲しいテーマやニュースにたどり着けます。

個別銘柄のページを見る

そして『株探』の情報充実度を物語るのが、個別銘柄のページです（図21）。ここには企業

■図21　個別銘柄画面から「決算」「ニュース」などの情報に直接アクセス

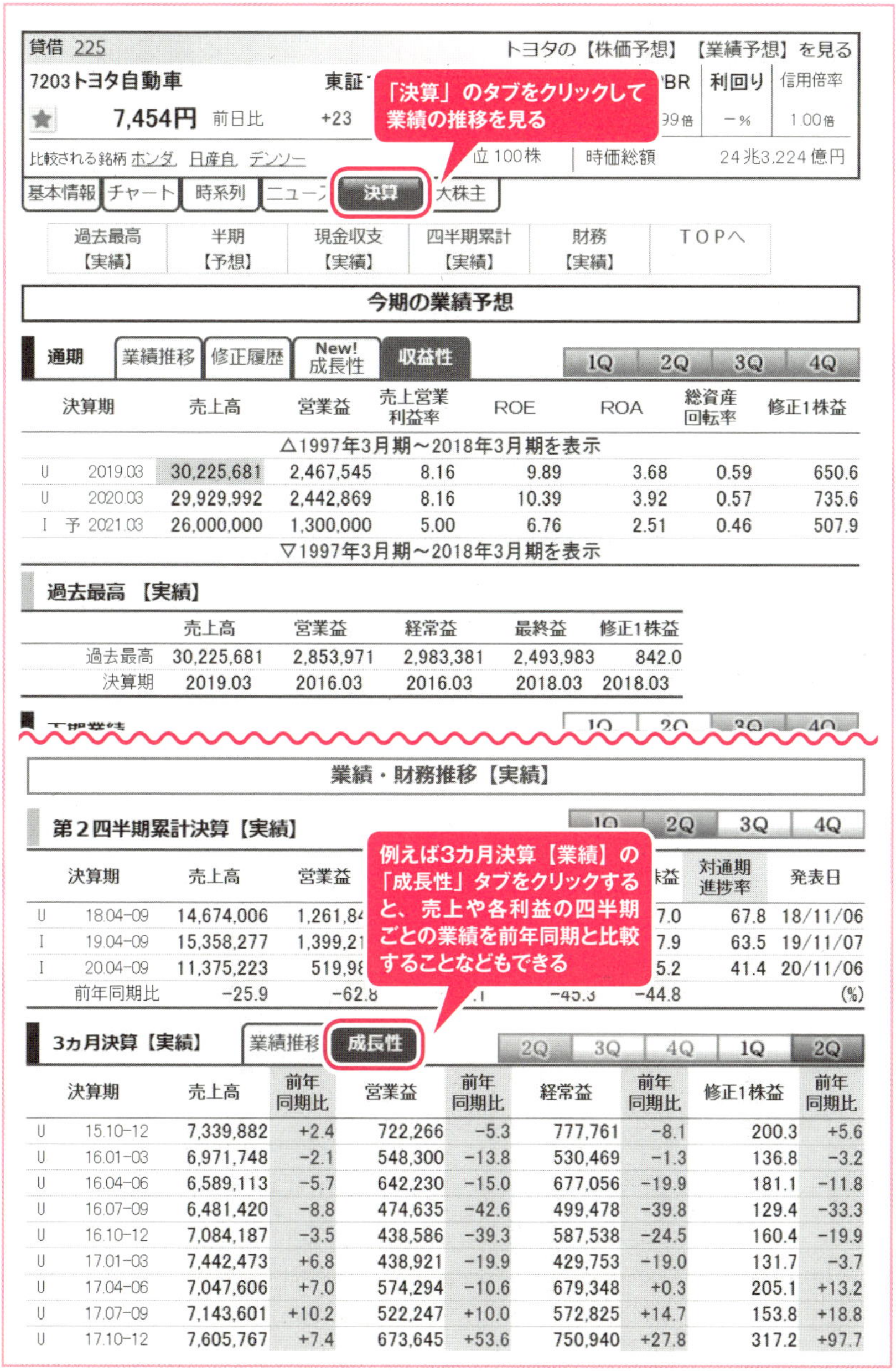

	決算期	売上高	営業益	売上営業利益率	ROE	ROA	総資産回転率	修正1株益
U	2019.03	30,225,681	2,467,545	8.16	9.89	3.68	0.59	650.6
U	2020.03	29,929,992	2,442,869	8.16	10.39	3.92	0.57	735.6
I	予 2021.03	26,000,000	1,300,000	5.00	6.76	2.51	0.46	507.9

	売上高	営業益	経常益	最終益	修正1株益
過去最高	30,225,681	2,853,971	2,983,381	2,493,983	842.0
決算期	2019.03	2016.03	2016.03	2018.03	2018.03

	決算期	売上高	営業益			株益	対通期進捗率	発表日
U	18.04-09	14,674,006	1,261,84			7.0	67.8	18/11/06
I	19.04-09	15,358,277	1,399,21			7.9	63.5	19/11/07
I	20.04-09	11,375,223	519,98			5.2	41.4	20/11/06
	前年同期比	-25.9	-62.8	.1	-45.3	-44.8		(%)

	決算期	売上高	前年同期比	営業益	前年同期比	経常益	前年同期比	修正1株益	前年同期比
U	15.10-12	7,339,882	+2.4	722,266	-5.3	777,761	-8.1	200.3	+5.6
U	16.01-03	6,971,748	-2.1	548,300	-13.8	530,469	-1.3	136.8	-3.2
U	16.04-06	6,589,113	-5.7	642,230	-15.0	677,056	-19.9	181.1	-11.8
U	16.07-09	6,481,420	-8.8	474,635	-42.6	499,478	-39.8	129.4	-33.3
U	16.10-12	7,084,187	-3.5	438,586	-39.3	587,538	-24.5	160.4	-19.9
U	17.01-03	7,442,473	+6.8	438,921	-19.9	429,753	-19.0	131.7	-3.7
U	17.04-06	7,047,606	+7.0	574,294	-10.6	679,348	+0.3	205.1	+13.2
U	17.07-09	7,143,601	+10.2	522,247	+10.0	572,825	+14.7	153.8	+18.8
U	17.10-12	7,605,767	+7.4	673,645	+53.6	750,940	+27.8	317.2	+97.7

の基本情報、チャート、ニュース、決算、開示情報、大株主などの情報が、とても使いやすい便利な形でコンパクトに掲載されています。

これらの機能の具体的な使い方については、このあと紹介する投資家の皆さんの活用方法を参考にしていただければと思います。

『株探』編集部がお勧めする「特集」活用法

左ページに、『株探』編集部がお勧めする『株探』の使い方をまとめましたので、ぜひ参考にしてください（図22）。

そして最後に、有料のプレミアム会員についての紹介です。『四季報オンライン』などもそうですが、プレミアム会員になると、入手できる情報の量・質がだんぜん変わってきます。

プレミアム会員になると、①お気に入り銘柄機能（登録無制限）、②25年間の業績表示、③5年間の業績修正履歴、④株価と特報記事のリアルタイム化、⑤広告非表示のような情報、サービスの提供を受けることができます。特に企業の業績を見るときなどに、②と③には要注目です。

『株探』の業績分析ツールの鋭さに、さらに磨きをかけた『株探プレミアム』も、ぜひ活用して銘柄発掘の可能性を広げてください。

■図22 「特集」には『株探』編集部の「思い」が詰まっていた！

❶『株探』をどこから見るかわからないという超・初心者向け手順！

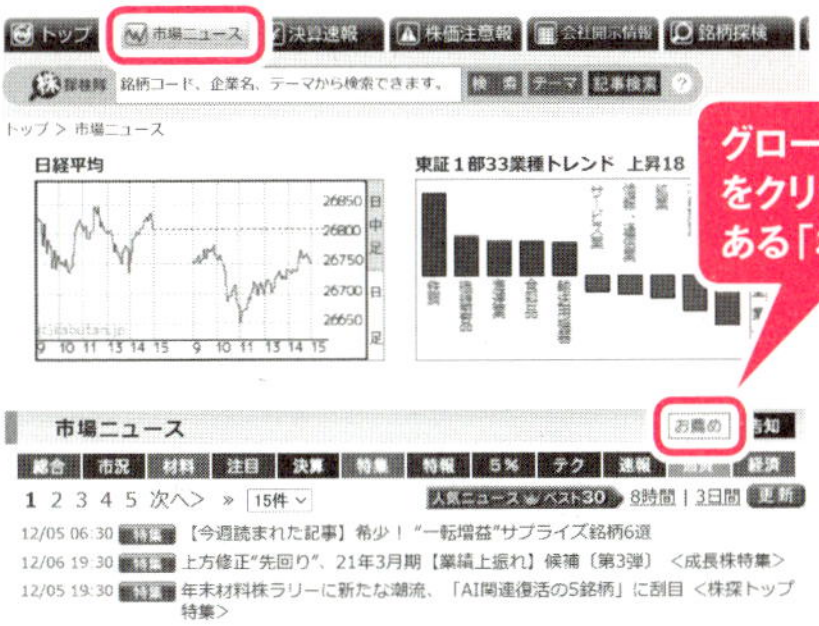

「市場ニュース」の「お薦め」を選択すると、編集部厳選のニュースや特集が出てきます。初心者の方は、まずこれらの記事を参考にしてみましょう。

❷初心者でもわかりやすい『株探』編集部お薦め記事

①月ー木、土の19時30分に配信している「株探トップ特集」
②平日12時台前半から配信している「注目テーマ」
③平日17時台から配信している「明日の株式相場に向けて」（週末の場合は「来週の株式相場に向けて」）

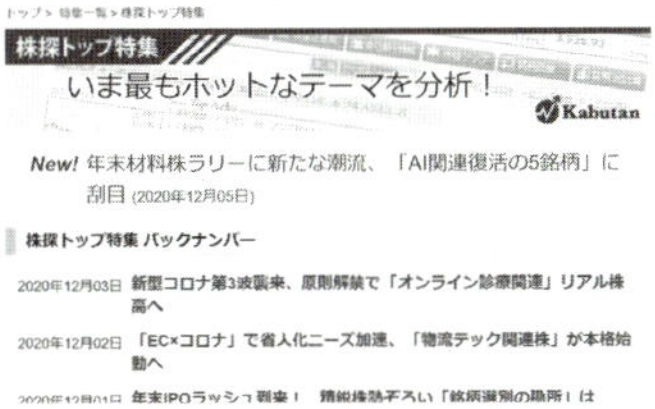

これら3つの記事は、ここ数日〜数カ月、場合によって1〜2年先までの相場の流れに関する見通しなどを株探編集部が取材して、株式市場で今、何が起きているかを紹介し、市場に参加している人たちがどういう考え方をしているかという「見方」を提供しています。

❸『株探』編集部お薦めの「裏技」〜「明日の好悪材料」

引け後にまとめたすべての材料。株価材料になりそうなニュースを一つひとつ探すと大変ですが、これなら一覧でまとめて見られます。編集部がものすごく手間をかけて作っているので、ぜひその「思い」を汲み取ってください。

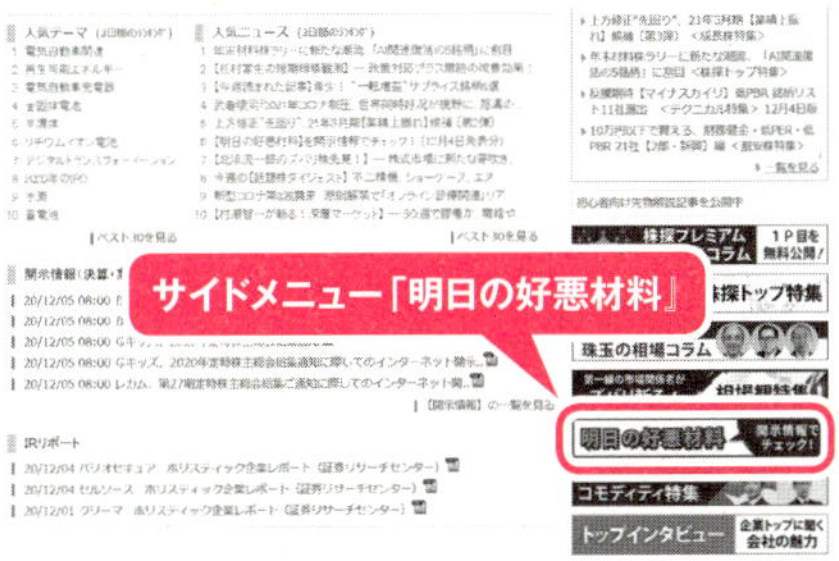

億り人の『株探』活用法❶

「成長・ビジネスモデル・割安」で資産10倍を目指す

コロナショックで、大きな含み損を抱えた人も多いと思います。どうしても、株式投資に慣れないうちは、日々の値動きが気になり、相場が暴落してしまうと右往左往してしまいがちです。しかし、僕が実践している「成長株の中長期投資」なら、相場の動きは気にする必要はなく、1カ月に一度調整しながら成長株を持ち続ければ、

すぽ（すぽ）

会社員時代に投資を始めるが、リーマンショックで運用資産の半分以上を失う。その経験から、「高成長」「優れたビジネスモデル」「割安」にこだわった独自の投資方法を編み出し、約6年で資産を10倍超に。2018年、専業投資家に転身。著書に『10万が100万になる株の本当の探し方』（ぱる出版）がある。

会社の成長とともに大きな成果を生むことができます。一日中、パソコンに張り付く必要もありません。

銘柄を見極めるポイントは「成長・ビジネスモデル・割安」です。この3原則のルールに基づいて、僕は資産を10倍にしました。気になった銘柄を、一つひとつ、3原則を徹底的に調べ、分析した結果です。「お宝銘柄の探し方を教えてください」と、よく聞かれますが、それは僕が聞きたいくらいです。僕が保有している5~10銘柄は、数多くの会社を分析した結果にすぎません。銘柄を探したというよりは、見極めたというほうが近いでしょう。

僕がスルーした銘柄で大きな利益を出した人もいるでしょうし、逆に僕が買った銘柄がすべて大きな利益を生むとは限りません。思ったように株価が伸びなければ、よりよい銘柄と入れ替えればいいだけの話です。企業分析は、決して難しいものではありません。『株探』という便利なツールがあります。『株探』を使いこなせば誰でも確実に分析できます。資産10倍も決して夢ではないのです。

業績で成長性を見極め、オンリーワンな成長株を中長期で保有

重要視する順番も成長、ビジネスモデル、割安の順

僕が『株探』を使い始めたのは、最近のことです。もっと早くから使っておけばよかったと思うくらい使い勝手がいい。ほかにもいろいろなツールを使っていたのですが、どれも一長一短ありました。『株探』なら、さまざまな情報がワンストップで網羅されているので、必要な情報の9割は『株探』でそろいます。皆さんが読んでいる『会社四季報』も、僕はほとんど見ません。

僕が実践している成長株投資では、「成長・ビジネスモデル・割安」の3本柱を見極めます。3つの柱の重要度も、この順番です。

まず「成長」については、今後5年間で売上高、営業利益が2倍に成長するかを一つの目安としています。株主に還元されるのは利益ですから、利益が上がっていることは必須の条件です。

次の「ビジネスモデル」では、その利益を生み出している〝会社の強み〟は何なのかを分析します。これまでにない新商品だったり、ビジネスの仕組みが他社にないものだったりと、必ず理由があるものです。

最後に「割安」です。前の2条件を満たす銘柄でも、割安でなければ意味がありません。業績が5年で2倍になっていながら、株価が2倍になっていない銘柄などはザラにあります。そのため、割安の基準はＰＥＲ20倍を下限にしていますが、上は40倍くらいまで、少し幅を持たせています。

保有期間は5年、株価は2倍を目安に投資

買った銘柄については、基本的に5年間は保有するつもりで投資します。5年後に株価が2倍になっている想定です。「テンバガー（10倍株）」のような大化け株を狙っている人からすると、5年で2倍では物足りないかもしれません。しかし、実際、成長株はほかの投資家もみんな注目しますので、株価は半年で2倍になることもよくあります。ですから、2倍になったら半分売って利益を確定させます。

２０２０年初頭からのコロナ騒ぎのようなことがあると、つい日々の相場の動きが気になってしまいますが、僕はそこを気にしなくていいように投資しています。割安成長株投資では、

日々の相場は気にする必要はありません。相場が悪くなれば一時的に株価も下がりますが、業績が伸びていれば、株価はすぐに戻ります。会社の成長が株価を下支えしてくれるのです。だから頻繁に売買する必要もなく、月に一度、ポートフォリオを見直すくらいですみます。会社に勤めている方でもできる投資法だと思います。

損切りのタイミングも、単に何パーセントマイナスになったらロスカット（損切り）するというようなルールは決めていません。株価が下がったときではなく、買ったときの見立てが変わったときに売るようにしています。思ったように業績が伸びなかったとか、ビジネスモデルに陰りが見えたりしたときです。

保有銘柄は5～10銘柄です。投資家の中には１００以上の銘柄を持つ人もいますが、それだけ銘柄数が多いと、パフォーマンスが日経平均などのインデックスに近づいてしまう傾向があります。中には、それでもインデックスを超えるパフォーマンスをたたき出している投資家もいますので、そういう方は尊敬してしまいますが、僕には１００銘柄なんてチェックしきれません。

加えて保有銘柄数が多いと、たとえテンバガーを引き当てたとしても、資産全体への影響は少なかったりします。数が少ないほうが、一つひとつのパフォーマンスが高くなることで、ポートフォリオ全体のハイ・パフォーマンスにつながります。

僕の手法なら、資産全体を10倍にすることも夢ではありません。

■図23　長期で売上高、営業利益の推移をチェック　ZOZO（3092）

通期 ｜ 業績推移 ｜ 修正履歴 ｜ 成長性 ｜ New! 収益性 ｜ 1Q ｜ 2Q ｜ 3Q ｜ 4Q

決算期	売上高	前年比	営業益	前年比	経常益	前年比	修正1株益	前年比
単 2003.03*	416	—	3	—	3	—	1.1	—
単 2004.03*	1,244	3.0倍	19	6.3倍	18	6.0倍	10.6	9.6倍
単 2005.03*	1,825	+46.7	97	5.1倍	96	5.3倍	65.6	6.2倍
単 2006.03*	3,388	+85.6	107	+10.3	127	+32.3	8.2	−87.5
単 2007.03*	6,068	+79.1	823	7.7倍	814	6.4倍	5.2	−36.5
単 2008.03	8,584	+41.5	1,764	2.1倍	1,724	2.1倍	3.5	−32.9
連 2009.03	10,696	+24.6	2,201	+24.8	2,220	+28.8	3.9	+12.6
連 2010.03	17,159	+60.4	3,236	+47.0	3,247	+46.3	5.7	+44.6
連 2011.03	23,801	+38.7	5,851	+80.8	5,865	+80.6	9.4	+66.1
連 2012.03	31,806	+33.6	7,704	+31.7	7,617	+29.9	14.1	+49.3
連 2013.03	35,050	+10.2	8,529	+10.7	[illegible]	[illegible]	[illegible]	+17.6
連 2014.03	38,580	+10.1	12,388	+45.2	[illegible]	[illegible]	[illegible]	+46.8
連 2015.03	41,182	+6.7	15,084	+21.8	[illegible]	[illegible]	[illegible]	+15.1
連 2016.03	54,422	+32.1	17,756	+17.7	[illegible]	[illegible]	[illegible]	+34.1
連 2017.03	76,393	+40.4	26,284	+48.0	[illegible]	[illegible]	[illegible]	+45.9
連 2018.03	98,432	+28.8	32,669	+24.3	32,740	+23.8	64.7	+18.3
連 2019.03	118,405	+20.3	25,65[illegible]	−21.5	25,717	−21.5	52.2	−19.3
連 2020.03	125,517	+6.0	27,88[illegible]	+8.7	27,644	+7.5	61.6	+18.0
連 予 2021.03	143,700	+14.5	39,500	+41.6	39,500	+42.9	90.4	+46.7

毎年15%以上営業利益を伸ばしていても、過去の実績を見ればどこで鈍化したかがわかる

「成長」の目安は業績15%増

では、実際に『株探』を使って「成長・ビジネスモデル・割安」を見極める方法を紹介します。まず成長株に不可欠なのは、なんといっても業績です。

決算を見ると、年度ごとの売上、営業利益、1株利益が25年間、さらに3カ月ごとの決算も見ることができます。

特に『株探』の「3カ月決算」は便利です。理由は、まず発表日にすぐに更新されること。そして、5年間（20四半期）見ることができることです（※）。会社が出す決算短信だと2クオーター（四半期）分の合計が載っていたり、過去の3カ月ごとの推移を見ることができなかったりするので、分析しづらいこともあるので

（※）25年間の年度業績と20四半期の業績が見られるのは、プレミアム会員のみ。

す。また、『株探』の決算情報は、ニュースなどのコメントもすぐに参考にすることができるので、業績好調の要因がわかって便利です。

具体的な数字は「5年で2倍」が目安ですので、単利で考えると年に20%ですが、複利で考えれば売上、営業利益が15%成長していればいいでしょう。過去の長期の実績を見ると、毎年15%成長を続けていたけど、鈍化しているのか、加速しているのかがわかります（図23）。狙い目は、会社が成長期へと入っていく初期段階です。

なぜ業績が好調なのか、その理由を探る

次に、その会社がどんなビジネスで利益を出しているのか、事業内容をしっかり把握することが大切です。今後も会社は成長するのかどうか、成長余地を予測するのです。

その場合、決算情報で営業利益率が伸びているかが重要になります。通期も3カ月も「成長性」のタブをクリックすると前年同期比で推移を見ることができます。

その他、ユーザー数や店舗数の伸びなども重要な指標になりますし、会社の事業内容を細かく分析していくと、今は小さくても今後成長しそうな新規事業を見つけられることがあります。これらは会社の決算資料を見ればわかります。

成長企業を見つけるための決算分析には、「慣れ」も必要です。僕は会社を調べるのが趣味

■図24　キーエンス（6861）は高利益率

決算期	売上高	営業益	売上営業利益率	ROE	ROA	総資産回転率	修正1株益
▽閉じる							
2001.03	101,193	47,703	47.14	15.90	14.26	0.53	112.8
2002.03	81,982	33,390	40.73	9.70	8.69	0.38	77.6
2003.03	93,654	42,444	45.32	11.11	10.28	0.40	88.8
2010.03	136,177	55,658	40.87	7.23	6.90	0.25	155.3
2011.03	184,802	86,611	46.87	9.75	9.20	0.31	228.1
2012.03	199,334	91,145	45.72	9.37	8.84	0.30	239.7
変 2012.06	52,016	22,805	43.[illegible]	[illegible]	—	—	64.0
変 2013.03	165,813	76,416	46.[illegible]	[illegible]	—	—	214.5
2014.03	265,010	130,689	49.31	11.28	10.63	0.33	354.1
2015.03	334,034	175,719	52.61	14.02	13.03	0.36	499.1
変 2015.06	88,050	45,841	52.06	—	—	—	130.0
変 2016.03	291,232	155,468	53.38	—	—	—	435.6
変 2016.06	96,352	49,160	51.02	—	—	—	133.9
変 2017.03	316,347	169,750	53.66	—	—	—	497.6
2018.03	526,847	292,890	55.59	16.42	15.39	0.39	868.3
2019.03	587,095	317,868	54.14	15.23	14.30	0.37	932.5
2020.03	551,843	277,631	50.31	11.84	11.28	0.31	816.9

営業利益率50%超!

ですから、業績がいい会社を見つけると、なぜこの会社はこんなに業績がいいのか、気になって仕方がない。

例えば、キーエンス（6861）は、営業利益率が50％を超える高収益企業です（図24）。同社は給与も高いことでも有名です。社員に高い給与を出して、かつ営業利益が50％も残る会社は、どういうビジネスをしているか、気になって調べました。

キーエンスが高収益な理由の一つは、競争しない商品を作ろうとしていることです。キーは営業担当者で、彼らは顧客の工場に行って、どうしたらもっと生産効率が上がるかを常にチェックしています。例えば、工場で5人で行っている作業を見たら、自社のセンサー技術を使って新商品を作れば、1人でできるのではないか、ということを常に考えているのです。そうすればお客さんの効率は5倍になりますし、商品も他社にないものですから、高く売れます。類似商品で競争していたら100万円でしか売れなくても、ほかになければ500万円でも売れます。そうやって、常に効率化と合わせて他社にない新商品を作り出そうとしていることがわかったのです。このように、高収益の秘密や業績が伸びている秘密をひもといていくビジネス分析は実に面白いです。ライバル会社と比較して見るのもよいでしょう。楽しんでやることが企業を見る目を養う秘訣ですね。

「ビジネスモデル」は、財務、競合、お客さんの視点で分析

企業を見る視点は3つあります。一つは財務です。数字で確認することが大事で、例えば自己資本比率が50％以上の会社などです。これは『株探』でも探せますが、私はより見やすいGMOクリック証券の財務のグラフなども活用しています。次に競合関係の有無。これは、利益率に影響してきます。できれば競合のいない独占状態が望ましいのですが、いても多くて3社以内。その中でトップか2位のポジションにあれば、高い利益率が期待できます。

最後にお客さんの視点です。実はこれが一番大切で、お客さんがどのような思いでお金を払っているのか、どんなときにほかの商品に切り替えるのかを考えます。キーエンスの場合は、①ほかにない商品である、②これまでの顧客・商品データも蓄積されている、③顧客との強力

なつながりで、今からほかの商品に乗り換えることはしない——というように、顧客離れが起きない理由をいろいろ想像してみます。

まだ株式投資に慣れていない人は、ＢtoＣのビジネス、つまり一般消費者向けのビジネスがわかりやすいでしょう。実際、その商品やサービスを試すこともできます。一方、企業向けのビジネスを展開するＢtoＢの企業は、何をやっている会社かわからないところがたくさんあります。特に初心者は、自分が事業内容を理解できない企業は投資対象から外すのが賢明です。

もちろん、知らない業界・企業でも、調べて理解する時間のある人は、チャレンジしていったほうがいいに越したことはありません。今でいえば、ＢtoＣの銘柄の中でも、「プラットフォーム型」のビジネスなどは狙い目です。これは、ＬＩＮＥなどのＳＮＳやアマゾンなどのショッピングサイトなど〝場〟を提供するサービスですが、マイクロソフトのＯｆｆｉｃｅのように、独占を生みやすいビジネスモデルです。それから、サブスクリプション（定額料金で一定期間のサービスが受けられるビジネス）などの「ストック型」、プリンターのインクなど「消耗品高収益型」なども注目したいところです。

創業時に成長性を見極められるのが理想

上場している企業銘柄の中には、誰もが知っている大型株から、上場したばかりのＩＰＯ銘

■図25　ZOZO(3092)の株価チャート

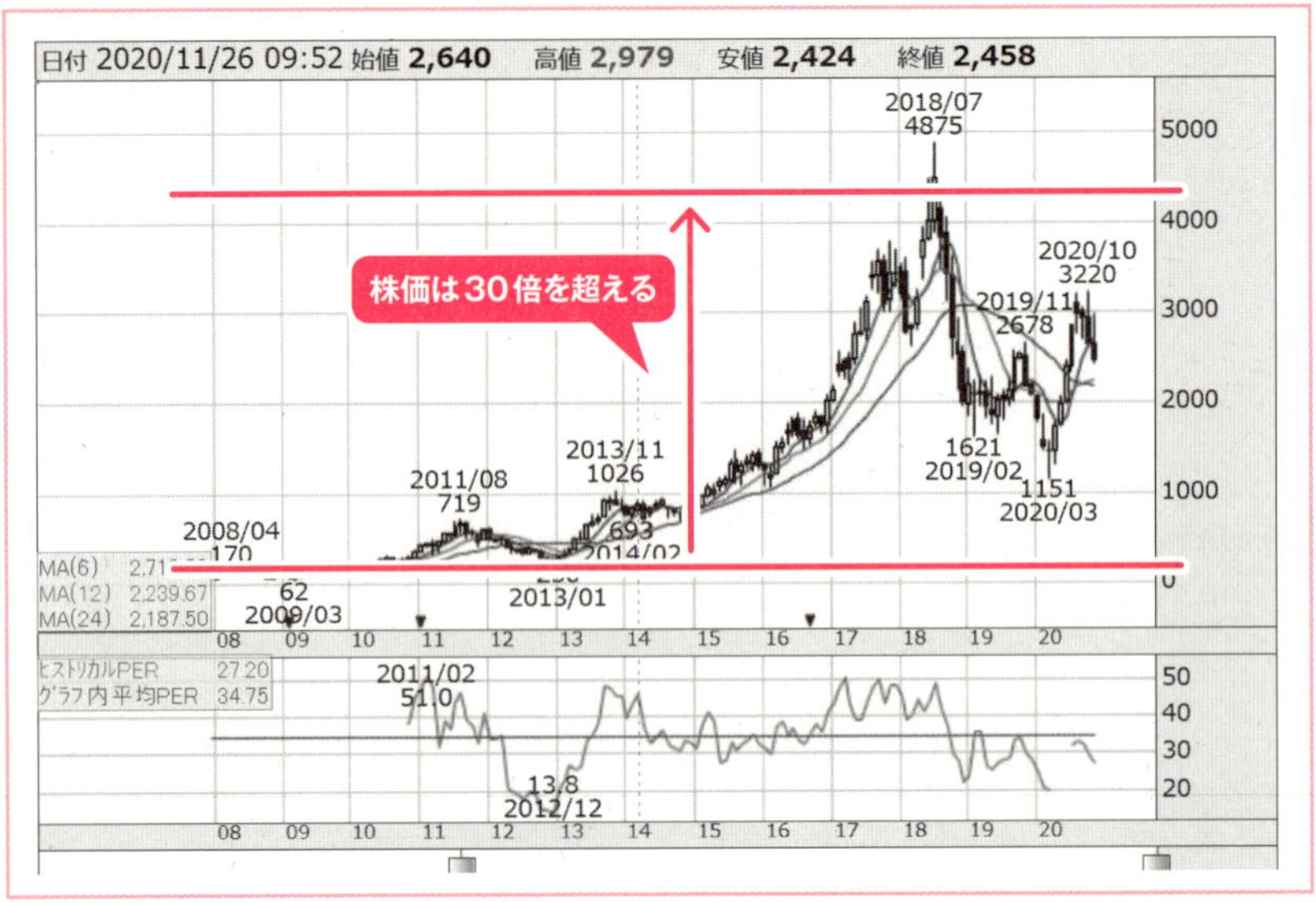

柄まで、さまざまなものがあります。その中でこれから成長株を買う場合、すでに成長しているキーエンスのような大型株は、今後の大きな成長はあまり期待できません。また、ＩＰＯ銘柄は上場したばかりのときは値動きが激しく、あっという間にＰＥＲが２００倍にも跳ね上がり、とても割安とはいえない状態になります。

理想はＺＯＺＯ（３０９２）のような会社の株式を、なるべく早く買ってずっと保有することです。前社長で同社の大株主でもある前澤友作氏は、資産家としても有名ですが、初めから資産があったわけではなく、１０００万円くらいの会社が、どんどん成長して時価総額1兆円にまでなったことで、資産家になったのです。今は少し売られてＰＥＲは30倍ほどですが、創業時にＺＯＺＯの成長性を見極めて買っていれば、株価は30倍になっています（図25）。

自己資本やキャッシュをきっかけに、成長性を見極める

銘柄選びの指標として、ＢＳ（貸借対照表）を見ることもあります。成長株は若い会社が多いのですが、その中で目を付けた銘柄の一つに、バイセル（７６８５）があります。

同社の財務を見ると、まず自己資本比率が約50％、そしてキャッシュフローを見ると現金比率が約70％。つまりキャッシュリッチな会社で、お金が余っていることがわかります。経営者も優秀で、事業拡大のためにＭ＆Ａも積極的に行っていますが、財務に余裕があることがわかっていれば、それも予想できます。これを『株探』を使って判断する場合、若い会社でも、上場前の数字から載っていますので、そこから成長性を判断することもできます。

バイセルの場合はさらに、売上はもちろん、利益率が上がっていることも気になりました。そこで、会社説明資料で調べると、とても面白いビジネスを展開していることがわかりました。中古の商品を訪問買取し売買する会社で、顧客の中心は、一般のリサイクルショップをほとんど使わないようなシニアです。広告戦略も独特で、ＷＥＢ広告全盛の時代の中で、あえてテレビＣＭやポスティングチラシを積極的に使っています。実はこの広告宣伝費が重くて利益率が低かったのですが、会社の規模が大きくなることで相対的に広告の効率が上がり利益率が向上していました。

商材は着物や相続の遺品など、高価な物が多く利益率も高い。訪問買取はイメージがよくありませんが、有名タレントを使い、買い取ったあともコールセンターから顧客満足度についてのフォローを入れるなど、信頼性を高める戦略にも長けています。これらのビジネスモデルは、会社の資料や社長のビデオメッセージなどから判断することができます。

また、さらに細かく調べてみると、「大株主」の欄に「ミダス」と名前がありました。これは、航空券予約サイトのエアトリ（６１９１）の会長の投資法人です。エアトリは投資事業も行っていて、その会長がバイセルの社長との関係性があることがわかりました。

「割安」は、4段階の成長株評価表で割安成長株を狙う

次に、株価の「割安」を見極める指標は、ＰＥＲが基本です。

僕はＰＥＲをＳ・Ａ・Ｂ・Ｃの4つのランクに分けて考えています（図26）。これは、「株式市場は企業の成長力によって、ランクが分かれている」と気づいたからです。

まずＳランクは、年率20％の成長が期待でき、ＰＥＲは40倍程度。ここまで成長してしまうと、割安とはいえません。次にＡランクは、増収増益が期待できる水準でＰＥＲは20倍。Ｂランクは成長が横ばいで、最低黒字が期待されている程度。ＰＥＲは10倍です。最後にＣランクは、赤字が想定されＰＥＲ５倍の水準です。

■図26　すぽ流・株の４つのランク

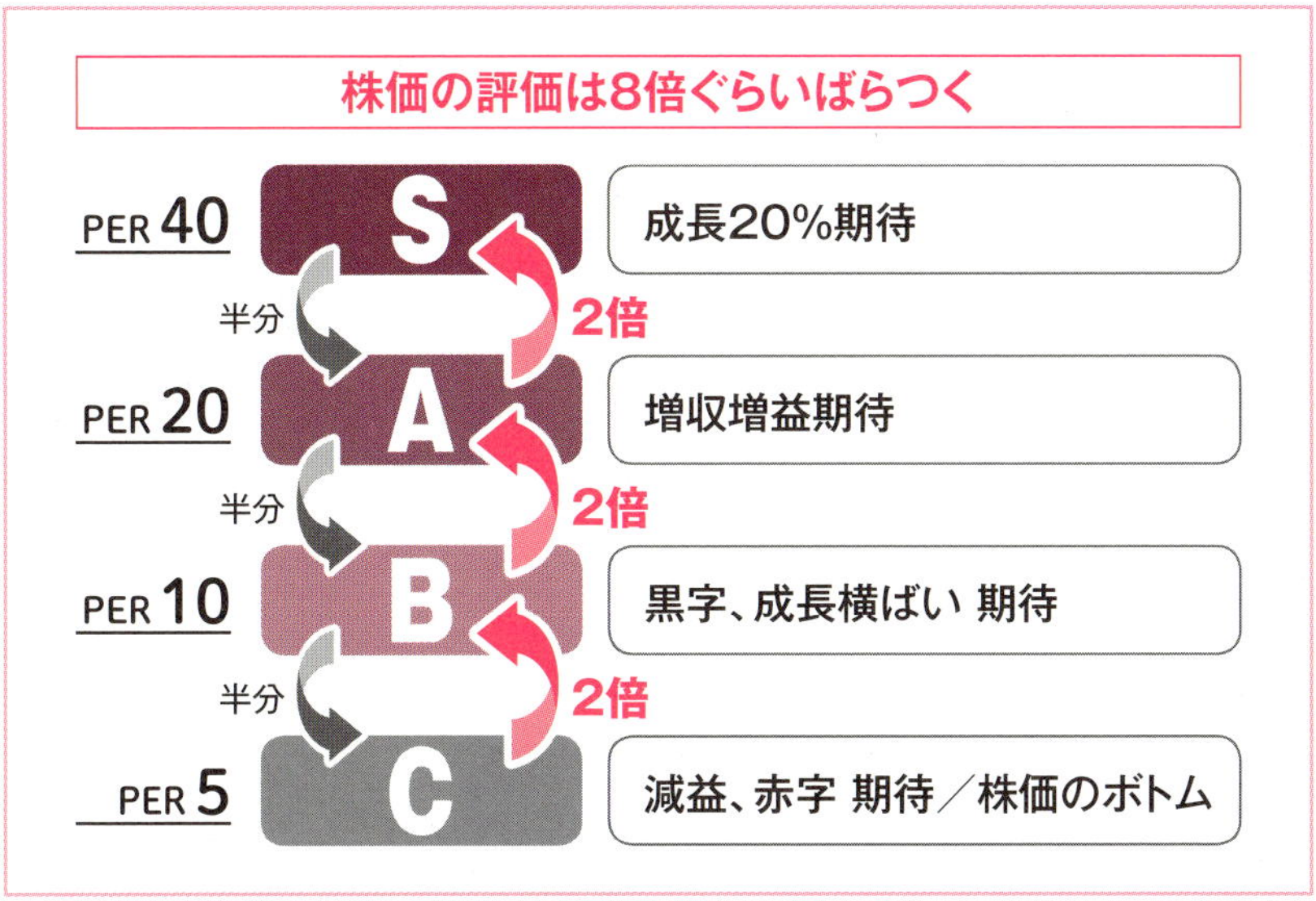

CからSまで、株価の評価は8倍ほどの差があります。これは、株式が3〜5年の業績を織り込んでいるという理論からある程度説明がつきます。

例えば、Sランクの株は20%成長なので、5年で2・5倍ぐらいに成長しますが、Aランクの株は5%成長だと仮定すると1・3倍程度にしか成長しません。これでおおむね2倍の差になります。つまり、ランクごとに2倍の差があることになり、CからSまで8倍の差があるということになります。

いわゆる「バリュー株」は、Bランクの銘柄を指しますが、これは地味な成長しかしません。Bランクには Bランクの理由があって、いきなりSランクにはなりません。一番パフォーマンスが上がるのは「ランクのズレが修正されたとき」で、サプライズとしては、Bランクが Aランクになるより、AランクがSランクになるほうが可能性は高い。割安さだけを注視していると成長性の視点をなくしてしまうのです。

僕も以前はAランクの銘柄に注目していました。しかし、成長力のある会社は、PERが高くてもどんどん成長していきます。そこで、今はSランクの銘柄の成長性を注視して、PERが地合に押されて下がってきたときなどを見計らって買っています。ただし買うのは、この成長株の人気が高まっている間だけです。Sランクの株もすでに業績以上に割高になっていることがありますので、注意が必要です。

隠れ割安成長株を発掘して、テンバガーを発掘する

株価が割安な会社の成長性を見極めるために、新規事業に着目することが重要であると先述しました。新規事業の成長性の見極めは、テンバガーなどの大化け株を発見する際にも有効です。いわば「隠れ割安成長株」とでもいうべきものですが、いくつか例を挙げてみます。

IRジャパンホールディングス（6035）は、2011年3月期に11円の1株利益が、2020年3月期の実績で137円になっています。1株当たりの利益がまさに10倍になりました。株価は20～30倍になっています。

これがまさに、新しい事業がうまくいき、超高収益になったパターンです。もともとこの会

■図27　割安成長株のエスプール（2471）

2471 エスプール　東証1　15:00
764円　前日比　+3　(+0.39%)
比較される銘柄 ウィルG, ギグワークス, トランスコス

業績　サービス業　単位 100株

PER	PBR	利回り	信用倍率
46.9倍	[illegible]42倍	0.43%	10.85倍

時価総[illegible]　[illegible]04億円

PER46.9倍

基本情報　チャート　時系列　ニュース　決算　大株主

通期　業績推移　修正履歴　成長性　New! 収益性　1Q　2Q　3Q　4Q

決算期	売上高	前年比	営業益	前年比	経常益	前年比	修正1株益	前年比
2003.11*	3,261	—	219	—	144	—	6.4	—
2004.11*	3,845	+17.9	140	−36.1	139	−3.5	1.4	−77.9
2005.11*	4,751	+23.6	156	+11.4	172	+23.7	1.8	+24.6
2006.11	4,990	+5.0	205	+31.4	194	+12.8	1.6	−11.3
2014.11	6,604	+23.1	207	3.1倍	191	3.9倍	2.4	3.4倍
2015.11	7,267	+10.0	59	−71.5	[illegible]	[illegible]	−0.9	赤転
2016.11	9,236	+27.1	507	8.6倍	[illegible]	[illegible]	5.4	黒転
2017.11	11,696	+26.6	67[illegible]	+32.9	687	+38.5	5.5	+0.6
2018.11	14,797	+26.5	98[illegible]	+45.8	1,007	+46.6	7.9	+43.8
2019.11	17,522	+18.4	1,60[illegible]	+63.2	1,626	+61.5	13.7	+74.6
予 2020.11	20,636	+17.8	2,00[illegible]	+24.7	1,988	+22.3	16.3	+18.9

高い営業利益の伸び率

社は、株主総会の通知を代行する受託事業で、地味な印象でした。この会社が、企業がM&Aをされないよう、株主の構成について分析するなど、企業防衛についてのコンサルをするようになったのです。このビジネスが見事に当たり、1案件当たり数千万〜数千億単位、利益率も50％を超えるような収益の柱に成長しました。

僕がこの会社を見つけたのは2020年のコロナ禍以降ですから、それほど早くはありません。それでも、コロナ禍で市場が低迷していた時期でしたので、5000円くらいで買って1万円くらいで売りましたから、短期で2倍の利益を得ることができました。ビジネスモデルや成長性がよければ、地合いで株価が下がったときは、むしろチャンスでもあるのです。

もう一つ例を出すとエスプール（2471）があります（図27）。コールセンターなどに人

材派遣を行う会社です。ＩＲジャパン同様、コロナ禍で株価が下落しているときに買いました。リーマンショックのときは上場廃止寸前まで業績が低迷した会社ですが、そこから高収益期に入って、売上も来期は２００億円、営業利益率も10％に迫る成績です。貸借対照表を見ると、バイセルほどではありませんが、自己資本比率は35％と、それほど悪くはありません。キャッシュはそれなりに増え、固定資産も増えています。株価も低迷期からすると10倍になっています。

事業セグメントは大きく分けて、コールセンターへの派遣業と、障がい者の雇用支援サービスの2つです。特に後者がユニークで高収益の秘密です。大企業の場合、障がい者の法定雇用率があり、２０２０年末で２・２％くらいです。ただ、その多くは身体の障がい者で、知的障がい者は働ける範囲に限りがあるので雇用しにくい。そこでエスプールは、知的障がい者が働ける農園を作り、そこで企業が雇用した知的障がい者に働いてもらうという仕組みを作ったのです。これが競合を持たないオンリーワンの人気ビジネスとなりました。同社の営業利益率は30％くらい。ＰＥＲは40倍で割高ですが、この市場はまだ伸びると思いますので、利益が増えてくれれば許容できる範囲です。このように、新規事業が大化けするケースがありますので、こういう銘柄を発見できればテンバガーも夢ではないでしょう。

銘柄発掘の第一歩は、自分が使っている商品の会社について、調べてみることです。例えば女性のヒット商品については、女性でなければ見つけにくいものです。また、男性の場合も、女性の間で流行っている商品に目を付けてみると面白いでしょう。有名なメーカーのものではなく、無名なほうがむしろ調べる価値はあります。それを繰り返すことで、今まで一面的にしか見えていなかった市場全体のトレンドのようなものが見えてきます。

高収益の会社に出会うトキメキを忘れない

多くの人は、分析手法も初めのうちはわからないと思いますが、とにかくトライ&エラーの精神で取り組んでいくしかありません。まずは企業分析をしてみること。繰り返しになりますが、なぜ売上が伸びているのか、高収益なのか、それを理解することで、ビジネスや市場について学んでいくしかないのです。僕は、今でも高収益の会社に出会うと、「こんなに儲かる会社があるんだ」と驚いてしまいます。この驚きの積み重ねが大切で、そこでときめかなかったら、株式投資は続けてこられなかったと思います。

株式投資に成功した人たちの例を見ると、さぞ銘柄発掘がうまいんだろうなという印象があるかもしれませんが、成功例の多くは、たまたま調べた会社がよかっただけだと思います。それは優良銘柄を「見つけた」という感覚ではなく、「見極められた」というほうが近いかもしれません。銘柄分析の経験を積んで、自分の描いたストーリーを信じ、それが成功したときは非常に嬉しいものです。その経験の積み重ねが、株式投資を長く続けられる秘訣だと思います。

「新高値ブレイク投資」で大化け銘柄を狙う

私が株式投資を始めたのは会社員をしていたときでした。当初はビギナーズラックで大儲けもしましたが、その後、儲けたお金をすべて失ったりもしました。以来、さまざまな投資手法を試してみましたが、どれもうまくいきません。そして、出会ったのが米国の著名投資家ウィリアム・オニールの投資法です。

DUKE。（デューク）

会社員時代に株式投資を始め、ウィリアム・オニールの投資法に倣って投資手法を改良し、「新高値ブレイク投資術」にたどり着く。2014年には累計利益1億円を突破。現在は専業投資家に転身して「新高値ブレイク投資塾」を主宰。著書に『新高値ブレイク投資術』（東洋経済新報社）ほかがある。

その投資法は、株は安く買って高く売るという、当たり前の手法ではなく、新高値で買って、さらに高い値で売るという手法です。衝撃を受けました。それまでの固定観念を打ち崩されたのです。そして、生み出したのが「新高値ブレイク投資」です。

私の投資術は、新高値を付けた成長株の財務や業績を調べ（ファンダメンタルズ分析）、チャートを見て投資のタイミングを計ります。ファンダメンタルズ分析とテクニカル分析の両方を活用する、テクノ・ファンダメンタル投資です。この手法なら、1日30分程度の作業で投資候補を見つけることができます。多くの銘柄に時間を割いて企業分析をするのは、会社員には時間的に厳しいでしょう。「新高値ブレイク投資」は、会社員など兼業投資家には適した手法だと思います。そしてこの手法を実践するのに、最適なツールが『株探』です。私は『株探』のヘビーユーザーで、拡張アプリを使って自分なりにカスタマイズもしました。また、2倍、3倍はもちろん、テンバガー銘柄を探し出すことも不可能ではありません。

『株探』で毎日30分の銘柄探しで、テンバガー発掘も可能

成長株は、一度新高値を付けると、その後も上値を追う

「新高値ブレイク投資」は、文字通り過去6カ月から1年の新高値を付けた銘柄の業績を分析して、タイミングを見て投資するものです。手順を簡単に示すと、次の3つになります。

①『株探』で新高値銘柄をスクリーニング
②新高値銘柄のビッグチェンジ情報やビジネスモデルや業績を調べる
③売り買いのタイミングはチャートを見て決める

新高値銘柄をスクリーニングしたり、チャートを見て売買のタイミングを計ったりするのは、テクニカル分析の要素ですが、『株探』ならこれらがワンストップでできます。

株価が新高値を付けるときには、何かしらのビッグチェンジ（大変革）がその会社に起きた可能性があるということです。例えば、新商品を出したり、新しいビジネスを始めたりしたときなど、株価がそれに反応して急上昇することがあります。そこで企業に何が起きたのかを分

析するわけですが、ビジネスモデルが確かなものであればさらに成長は期待でき、株価もさらに上昇していきます。新高値を付けた株価は、そこを天井として下がるのではないかと考える人も多いと思いますが、過去の成長株を見ても、一度新高値を付けたあとに何度も新高値を付けるケースはたくさんあります。

これは、投資家の心理からも分析できるのですが、株価が新高値を上抜けると、保有している投資家はハッピーになり、売りたい人が激減します。以前に高値で買ってしまい、その後株価が下落して売るに売れなかった投資家は、株価が底を打って新高値を付けるまでの間に「やれやれ売り」ですでに売ってしまっています。だからそこから新高値を付けた銘柄は、売り圧力も小さいのです。

「本日、年初来高値を更新した銘柄」で銘柄チェック

それでは、本日の相場（2020年11月19日）で、『株探』を使った銘柄探しの流れを実践してみます。私がほぼ毎日、行っている作業です。

①「本日、年初来高値を更新した銘柄」リストを開く

まず、メニューの「株価注意報」を開きます。「本日の動向」のリストに「本日、年初来高値を更新した銘柄」があるので、それを開くと、その日の年初来高値を付けた銘柄の一覧が出

■図28　年初来高値を更新した銘柄

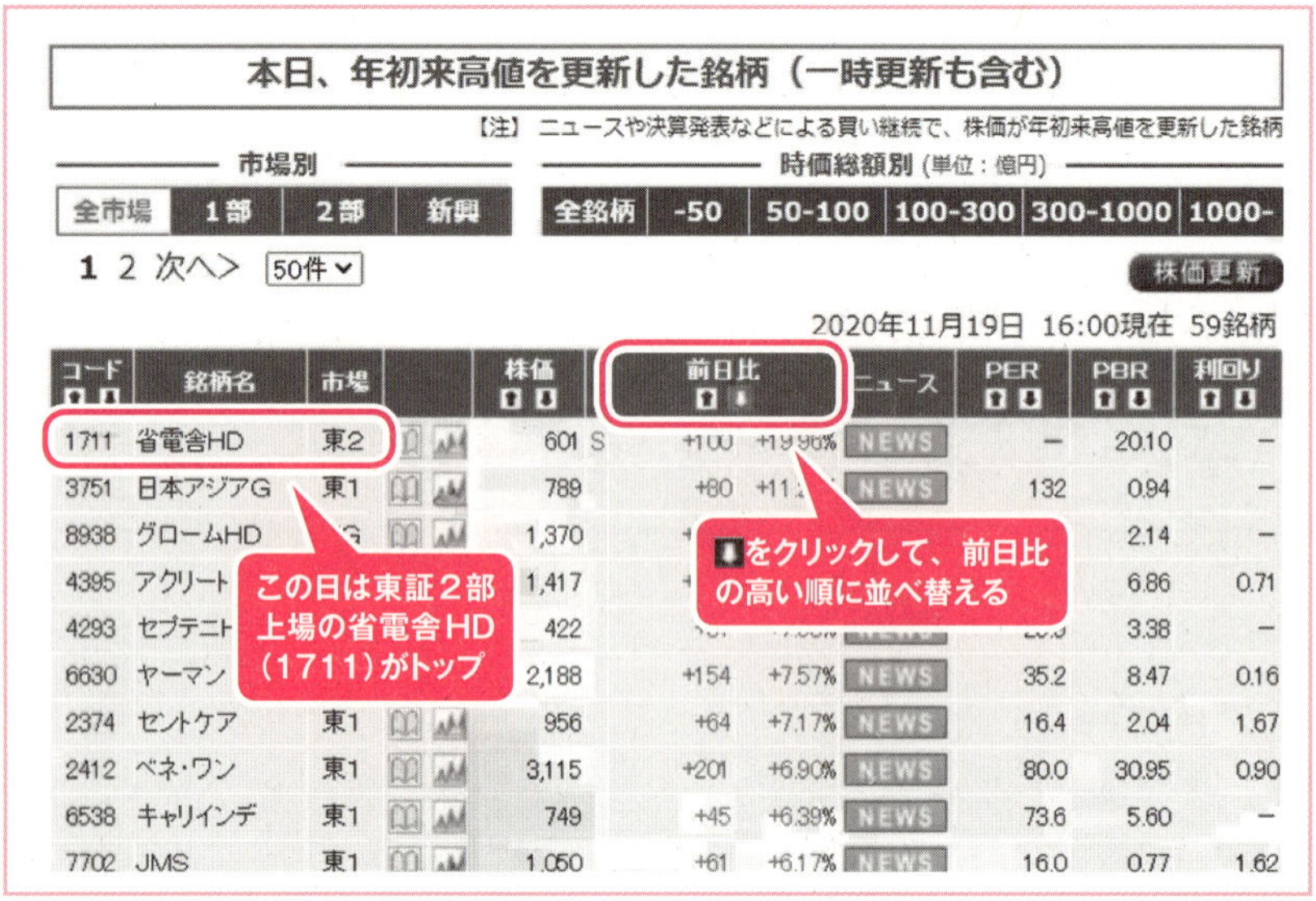

本日、年初来高値を更新した銘柄（一時更新も含む）

【注】ニュースや決算発表などによる買い継続で、株価が年初来高値を更新した銘柄

市場別：全市場　1部　2部　新興

時価総額別（単位：億円）：全銘柄　-50　50-100　100-300　300-1000　1000-

1　2　次へ>　50件

株価更新

2020年11月19日　16:00現在　59銘柄

コード	銘柄名	市場	株価	前日比		ニュース	PER	PBR	利回り
1711	省電舎HD	東2	601 S	+100	+19.96%	NEWS	─	20.10	─
3751	日本アジアG	東1	789	+80	+11.[illegible]	NEWS	132	0.94	─
8938	グロームHD	[illegible]G	1,370	[illegible]	[illegible]	[illegible]	[illegible]	2.14	─
4395	アクリート	[illegible]	1,417	[illegible]	[illegible]	[illegible]	[illegible]	6.86	0.71
4293	セプテニ[illegible]	[illegible]	422	[illegible]	[illegible]	[illegible]	[illegible]	3.38	─
6630	ヤーマン	[illegible]	2,188	+154	+7.57%	NEWS	35.2	8.47	0.16
2374	セントケア	東1	956	+64	+7.17%	NEWS	16.4	2.04	1.67
2412	ベネ・ワン	東1	3,115	+201	+6.90%	NEWS	80.0	30.95	0.90
6538	キャリインデ	東1	749	+45	+6.39%	NEWS	73.6	5.60	─
7702	JMS	東1	1,050	+61	+6.17%	NEWS	16.0	0.77	1.62

この日は東証２部上場の省電舎HD（1711）がトップ
をクリックして、前日比の高い順に並べ替える

ます（図28）。11月19日は、日経平均が前日比で93・8円下落したのですが、この日の年初来高値銘柄は59銘柄あります。相場が活況のときは500銘柄に及ぶこともあります。

「年初来高値」の定義は『株探』の場合、その年の3月31日までは、前年の1月1日からの高値になります。4月1日からは、その年の1月1日からになります。

②前日比の高い順に並べ直す

次に前日比を高い順に並べ直し、気になった銘柄を調べます。ここで、『株探』の便利な機能が、「本」のアイコンにカーソルを合わせると銘柄の概要がポップアップで示され、どんな会社なのかがすぐにわかるところです。また、チャートのアイコンにカーソルを合わせると過去1カ月の日足チャートがポップアップで示され、その月の中旬に新高値から一度調整をして再び新高値を付けたのか、連日新高値を付けているのか、といったことがすぐにわかります。

③気になった銘柄のチャート画面を開く

仮にトップの省電舎ホールディングス（1711）のチャートを見てみましょう（図29）。株価が急騰していて、この会社に「何か」が起こったことがわかります。

④ニュースで急騰の原因を探る（図30）

チャートをよく見ると、数日前の11月9日にも上昇局面がありますので、そこで何があったのかを調べます。「ニュース」をクリックすると決算発表（11月6日）で赤字幅が縮小したこと、米国大統領選挙のバイデン氏当確により、再生エネルギー関連株が急騰したとあります。

⑤基本情報で業務内容を確認

「基本情報」で業務内容を見ると、概要に「国内ＥＳＣＯ（エネルギー削減保証）事業の草分け。再生可能エネの開発・施工を展開」とあります。それで買われた理由が確認できます。バイデン氏当確のニュースで買いが入ったのでしょう。

⑥業績を確認

決算発表11月6日（金）の引け後、株価は翌週9日（月）に上昇しています。業績のページで、確認します。ニュースにもありましたが、3カ月決算で確認すると、売上は増加しましたが営業利益はマイナス。最終益も赤字です。

決算発表後の株価は、必ずしも増収増益で上昇するとは限りません。市場が反応するポイン

■図29　省電舎ホールディングス（1711）の株価の推移

■図30　ニュース欄から株価急上昇の要因を探る

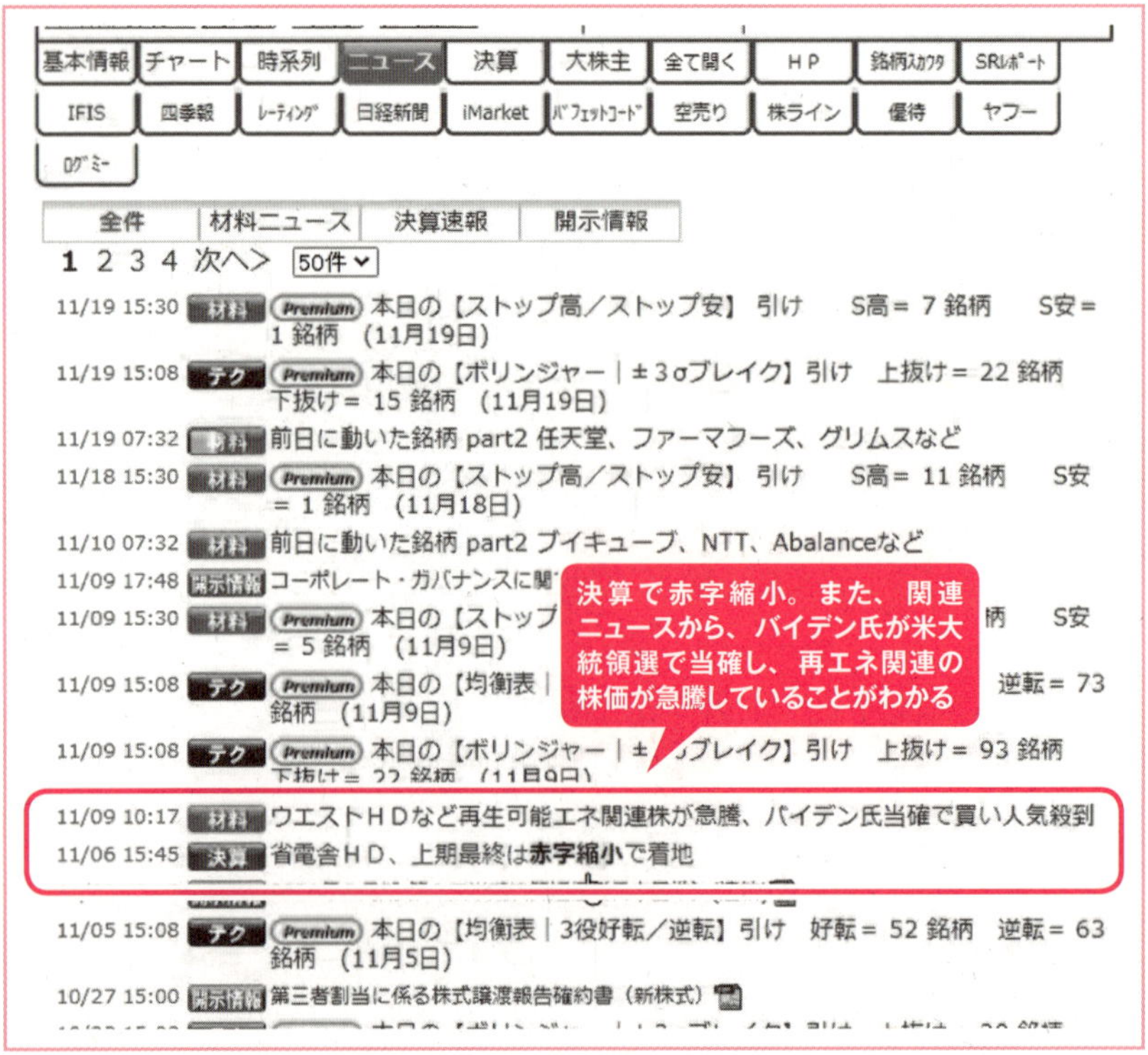

トは市場予想や会社予想と比べてどうだったか、ということです。たとえ増収増益でも、市場予想より増加幅が小さければ、株価は下落することもあります。逆に赤字であっても、市場予想よりも赤字幅が少なければ、株価は上昇することがあります。今回の場合は後者のようです。

しかし、11月19日に2日連続新高値を付けた理由は、ニュースを見ただけではわかりません。そうなると具体的な材料がないのに臆測で買う〝思惑買い〟の可能性もあります。

ここからは、会社の決算短信や決算説明資料を読んで分析するなど深掘りしていく必要があります。決算短信はニュースのリストにありますので、そこから見ることができますが、ここでピンとくるものがなければ、次の銘柄に移ってもよいでしょう。このように、サクサクと新高値銘柄をチェックしていくのです。

数字が物語る「ビッグチェンジ」を見逃すな

このように、新高値銘柄のピックアップ自体は、『株探』を使えば簡単にできます。大切なのは、その次です。なぜ新高値を付けたのか？　その理由を探ることです。

ここではファンダメンタルズ分析が必要になってきます。個人投資家はファンダメンタルズ分析が苦手な人も多いのですが、この分析をしっかり行うことで、確実に勝率は上がります。

株価が新高値を付けるのは、会社の「ビッグチェンジ」の兆しです。ビッグチェンジとは、画期的な新商品・サービス、新業態、新事業、M&A（買収・合併）、新経営陣など、会社の大変革のことです。そこにいかに早く気づけるか。その早道が新高値なのです。

そして、ビッグチェンジは数字になって表れます。

決算情報で見るのは、主に3つ。「売上高」「営業利益」「営業利益率」です。3カ月決算を見てください。ビッグチェンジが起きると、売上と営業利益が大幅に伸びてきます。私もかつては経常利益を見ていましたが、経常利益の中には本業以外の金利の収支など営業外利益も含まれていますので、本業で稼いだ利益かどうかがわかりづらい。そこで、最近はもっぱら営業利益を見るようにしています。

そして、ビジネスモデルの優位性を表すのが営業利益率です。私の場合は、10％以上の銘柄を次の買いの候補にすることが多いです。さらに営業利益率が20％、30％になってくると、その会社は他社にない何かを持っているという可能性が極めて高くなります。

例えば、ベイカレント・コンサルティング（6532）を見ると、営業利益率が25％ほどになっていますが、これは同社のビジネスモデルが価格競争に巻き込まれておらず、付加価値の高い商品・サービスを提供していることの表れです（図31）。グレイステクノロジー（6541）にいたっては、営業利益率が50％を超えています（図32）。もうこれは、他社にマネできないものを持っている。つまり営業利益率を見るだけで、その会社のビジネスモデルの優位性がわかるのです。

■図31　ベイカレント(6532)の営業利益率

通期 | 業績推移 | 修正履歴 | New! 成長性 | 収益性

	決算期	売上高	営業益	売上営業利益率	ROE
				▽閉じる	
I	2016.02*	15,834	3,215	20.30	16.66
I	2017.02	17,188	[illegible]	[illegible]	17.36
I	2018.02	20,438	[illegible]	[illegible]	20.41
I	2019.02	24,294	4,489	18.48	19.71
I	2020.02	32,978	8,038	24.37	31.09
I	予 2021.02	41,000	11,000	26.83	29.86

営業利益率が25%くらい

■図32　グレイステクノロジー(6541)の営業利益率

通期 | 業績推移 | 修正履歴 | New! 成長性 | 収益性

決算期	売上高	営業益	売上営業利益率	ROE
			▽閉じる	
2013.03*	672	—	—	59.62
2014.03*	579	—	—	107.77
2015.03*	620	103	16.61	60.22
2016.03*	726	136	18.73	67.06
2017.03	1,010	[illegible]	[illegible]	39.56
2018.03	1,314	[illegible]	[illegible]	28.01
2019.03	1,524	575	[illegible]	29.19
2020.03	1,903	953	50.08	35.78
予 2021.03	2,300	1,173	51.00	32.56

営業利益率50%超!

新規事業が本業を逆転？

次に、ビッグチェンジの例を一つ挙げてみましょう。

ＯＳＧコーポレーション（６７５７）は、家庭用ウォーターサーバーなど水関連の機器を製販している会社です。２０１９年５－７月期の３カ月決算発表後、株価が急騰し始めました（図33）。それまではさえない決算でしたが、この期に営業利益がいきなり前年同期比で53％増えています。さらにその後の四半期決算も6倍、9倍と伸びています。

その原因を決算短信で調べてみると、新規事業がヒットしたことがわかりました。それは、この頃ブームとなった高級食パン事業です。同社はアルカリイオン整水器の製造も手がけていましたが、このアルカリイオン水を食パンづくりに利用し、「銀座に志かわ」の高級食パン事業に着手し、その業績が決算に反映されたのです。このことは、ニュースにも出ていないのでわかりづらいのですが、決算短信を見ると、セグメント別の実績に「フランチャイズ」部門として掲載されています。会社全体で見たセグメント別割合では、本業の水関連事業をすでに超えています。

このように、数字が物語っている原因を追究し、成長性を見極めていくのです。繰り返しますが、決算情報で見るのは売上、営業利益、営業利益率の３つです。これなら、シンプルで誰

■図33　OSGコーポレーション(6757)のチャートと3カ月決算

決算期	売上高	前年同期比	営業益	前年同期比
15.08-10	1,488	+17.3	94	7.8倍
15.11-01	1,554	+7.4	126	+4.1
16.02-04	1,493	+12.9	137	4.3倍
16.05-07	1,769	0.0	249	0.0
16.08-10	1,573	+5.7	72	−23.4
16.11-01	1,671	+7.5	74	−41.3
17.02-04	1,165	−22.0	−206	赤転
17.05-07	1,608	−9.1	41	−83.5
17.08-10	1,449	−7.9	−2	赤転
17.11-01	1,389	−16.9	−112	赤転
18.02-04	1.485	+27.5	54	黒転
18.0[illegible]	[illegible]	[illegible]	[illegible]	[illegible]倍
18.0[illegible]	[illegible]	[illegible]	[illegible]	[illegible]転
18.11-01	1,569	+13.0	22	黒転
[illegible]	[illegible]	[illegible]	52	−3.7
19.05-07	2,228	+17.4	314	+53.2
[illegible]	[illegible]	[illegible]	164	6.8倍
19.11-01	2,410	+53.6	212	9.6倍
20.02-04	2,497	+56.2	313	6.0倍
20.05-07	2,669	+19.8	400	+27.4

にでも理解しやすいでしょう。

私は、貸借対照表はほとんど見ません。バリュー投資であれば貸借対照表は大切だと思いますが、成長株投資は損益決算です。あとはキャッシュフローがしっかり増えているかどうかを少し気にかける程度です。

成長株投資の肝は、ビジネスモデルともう一つは経営者です。経営者については、決算発表時の動画や、雑誌のインタビューなどを見て、どんな経営方針やビジョンを持っている経営者なのかを判断するとよいでしょう。

上抜けチャンスを見極める

次に新高値銘柄の売買のタイミングですが、ここではチャートによるテクニカル分析が必要になります。ビジネスモデルはファンダメンタ

図34　ベイカレント(6532)のチャートを分析

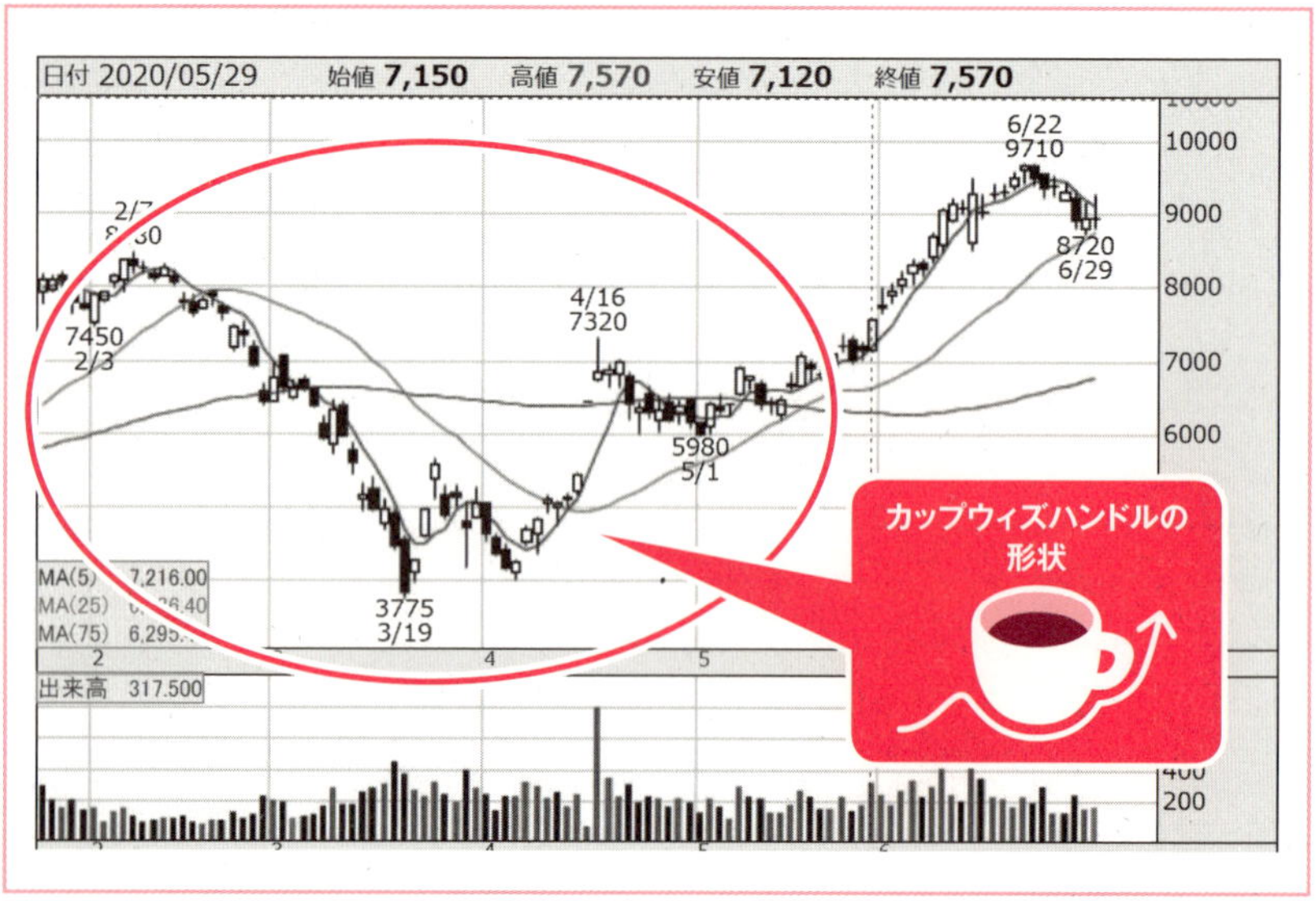

ルズ分析、売買のタイミングはテクニカル分析。これらを2つ合わせて、テクノ・ファンダメンタル投資といいます。

売買のタイミングはボックス理論で判断します。株価は、新高値を付けたあと、一定のレンジの中で上がったり下がったりを繰り返します。これをボックスといいます。

ベイカレント（6532）のチャートで見てみましょう（図34）。コロナショックの回復期4月15日にストップ高になり、5月28日まで、上がったり下がったりを繰り返しています。これは、1月2月の高値で買った投資家が、コロナショックで逃げられず、4月15日以降にやれやれと売りに出しているからです。いったん大きく下げて上がり、次に少し下げて上がり、5月29日には出来高をともなって上昇。新高値を付けています。このボックス圏を上抜けしたタイミングで買うのです。

また、これは「カップウィズハンドル」と呼ばれるチャートの形を形成しています。いったん大きく落ち込み、株価が戻ったところで、損切りできなかった投資家の「やれやれ売り」で少し下がり、ボックスを上抜けて一気に株価が上昇するというパターンです。チャートの形が取っ手の付いたコーヒーカップに見えることから、このように名付けられました。ウィリアム・オニールの理論です。

ベイカレントは短期間でこの形になりましたが、半年、1年かけてこのチャートが出ることもあります。ポイントは、取っ手の部分のボックスを上抜けするタイミングを見極めることで、ボックスを上抜けるタイミングで買うのです。

そして、ここで注目しておきたいのが「出来高」です。出来高は市場参加者の注目度でもあり、人気の度合いを示しています。過去の急騰の事例を見ても、新高値ブレイク時には出来高が伴っているケースが多いので、一つの目安にするといいでしょう。『株探』のチャートページで指標の「出来高」にチェックを入れると、グラフが表れるようになっています。

利益確定のタイミングはサポートラインを目安に

次は売りのタイミングです。利益確定のタイミングをレーザーテック（6920）で見てみ

■図35　レーザーテック（6920）のチャートで売買のタイミングを見る

ます（図35）。2月13日から4月15日までに、カップウィズハンドルがチャートに表れています。ハンドルが何回か出ていますが、このハンドルからのブレイク時に買い、上昇を続け6月16日に1万円を超えて大きく上昇、7月3日に1万円を割り再び上昇、7月27日に1万円を割っています。そうなると1万円がサポートラインだということがわかります。そこで、サポートラインを割った時点で利益確定します。サポートラインを割ると下げやすくなります。実際、その後は下がっています。

ただ、一度ビジネスモデルを調べてよかった会社は、その後もウォッチを続けます。レーザーテックは半導体関連装置の会社で、世界シェア100％の製品もあり、営業利益率も30％を超えています。こういう会社はなかなか見つかりません。

チャートに戻ると、9月7日で底を付けて上昇を始めています。10月後半になり、チャートは再びカップウィズハンドルを形成しています。10月14日からハンドルが出始めているのがわかります。ハンドルの位置は、7月10日に付けた1万1750円に近いのが理想ですが、この場合だと、11月16日の1万円を超えたときが買いのチャンスです。

実は株式投資では、買うのは比較的簡単ですが、売るのは利益確定も損切りも難しいものなのです。早く売りすぎることもありますし、買ったその日のうちに売ってしまうこともあります。売りに完璧なものはありません。プロでも悩む永遠のテーマでしょう。

新高値銘柄を先回りして好決算で買い

もう一つ、新高値銘柄を先回りする裏技的な『株探』の活用法があります。メニュー「市場ニュース」の「注目」タブにある、「本日の【イチオシ決算】」、「本日の【サプライズ決算】」です。これが実に狙い目です。特にイチオシ決算にはビッグサプライズ銘柄があることが多く、ここで市場予想よりよい決算を出してきた銘柄は、私もこまめにチェックしています。

新高値銘柄の場合は、好決算が出た翌日にストップ高になって気づくことになるのですが、それより先回りして、好決算が出たら翌日の寄りから買いにいくこともあります。

■図36　テラスカイ（3915）の株価が急上昇したときの業績は？

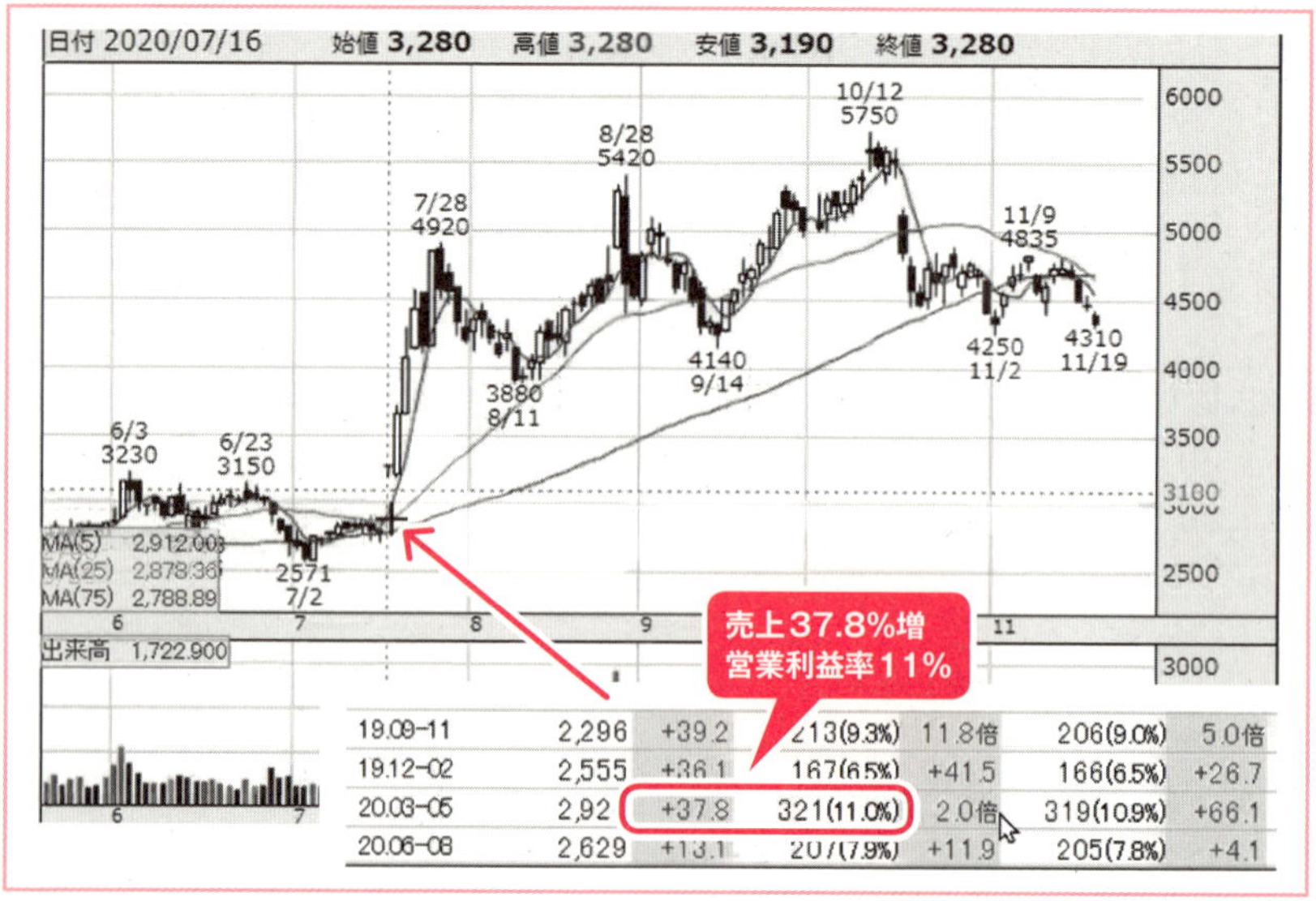

※業績表は拡張アプリを使用して表示

例えばテラスカイ（3915）は7月15日に【イチオシ決算】【サプライズ決算】が出ています。そこには「第1クオーターで経常利益が66%増益」とあります。そこで気になって「決算」のページで3カ月決算を見たところ、売上も37%で伸び続けていて、営業利益は前年同月比でいきなり2倍。営業利益率も11%で2桁に乗せてきました（図36）。これは「何かが起きた」というより「レベルが変わった」という次元の話です。

第1クオーター（四半期）の決算でこれですから、通期の予想も会社予想を超えてくる可能性が非常に高いと言えます。そこで決算資料をチェックすると、ビジネスモデルも先進的なDX（デジタルトランスフォーメーション）の会社でしたので、そのときの時価総額や利益の水準を見極めて、翌日から買いにいきました。

損切りルールは10%マイナスが絶対

株式投資で失敗する大きな要因の一つが、損切りのタイミングです。カップウィズハンドルのところでも説明しましたが、株価が高値のときに買ってしまい、そこから下落して売るに売れなかった投資家が、株価が底を付け、再び上昇局面になったときに売るのが「やれやれ売り」です。「戻り待ちの売り」という言い方もします。この中には、プロの投資家も含まれています。つまり、プロでも損切りのタイミングは難しいということです。

成長株投資は、成功すれば大きな利益を得ることができる半面、下がるときはあっという間に下がってしまう「諸刃の剣」です。

このリスクを避けるために、私が必ず守っているルールがあります。それは、「10%マイナスになったら迷わず損切りする」ということです。

これだと思った新高値銘柄の株価が、思うように上がらないこともあります。いや、むしろそのほうが多いでしょう。ですから、この損切りルールは絶対です。

一方で私は、50%以上値上がりする銘柄を狙って投資をしています。5銘柄のうち4銘柄が10%マイナスになっても、残りの1銘柄が50%なら、トータルで10%の利益が得られるということです。このルールを守っていれば、「1勝4敗でも勝てる投資」ができるのです。

新高値ブレイク投資はテンバガーが狙える夢のある手法

初めのうちは決算の数字を読み解くのも難しいでしょう。まずは本日の新高値銘柄から、自分の知っている銘柄の決算情報を『株探』で見たり、会社の決算短信を見たりして、ひもといていく作業を何度も繰り返すことです。そうすれば、数字を見極める力は必ずつきます。いい銘柄が見つかったら、「テーマ」からライバル会社を比較するのもよいでしょう。私の場合は、10倍が出やすい情報通信、小売業、サービス業の3つのセクターに絞っています。それ以外のセクターの銘柄は、「本日、年初来高値を更新した銘柄」のリストにあってもスルーします。

成長株を狙うなら、狙いどころは小型株です。初心者の場合は、時価総額200億円以下がいいでしょう。営業利益を1億円から2億円にする難易度と、10億円から20億円にする難易度は違います。業績の伸びしろが大きい小型株がお勧めです。

テンバガーを狙う場合も、時価総額が200億円以下でないと難しいでしょう。テンバガーを狙うよりは、30%、40%の利益を積み上げたほうが確実ですが、新高値ブレイク投資はテンバガーも狙える夢のある手法です。私も会社員のときにテンバガー銘柄を当てて資産が3億を超えたので、会社を辞めました。新高値ブレイク投資は、特に時間のない会社員にとっては、最も効率的な投資方法だと思います。

第3章

実践編

10倍株も狙える!
『株探』『会社四季報』『四季報オンライン』など
投資ツールを活用した億り人の投資術

億り人の投資実践術
www9945さん
DAIBOUCHOUさん

座談会● www9945／DAIBOUCHOU／すぽ

3人の億り人に聞く 投資ツールの進化の過程と未来像

今や株式投資に関する情報を入手できるツールは日進月歩の進化を遂げ、
一般投資家も工夫次第でプロの投資家に匹敵する情報を入手することができる時代に。
売買成立の有無を証券会社からの電話で確認していた時代から
この変化を見届けてきた億り人たちが、
投資ツールの変遷と、最新のツールを使った銘柄発掘の方法について語り合う。

2000年以前は投資ツールの暗黒時代だった

www9945（以下、9945） 今でこそ投資するための便利なツールがあふれていますが、私が投資を始めた1993年頃は投資ツールと呼べるようなものは一切ありませんでした。日常的に活用できる情報は新聞の株価欄とラジオ短波の放送ぐらいでしたね。ラジオもザラ場は

3人の詳しいプロフィールは、次のページをご参照ください。
www9945➔P124／DAIBOUCHOU➔P142／すぽ➔P74

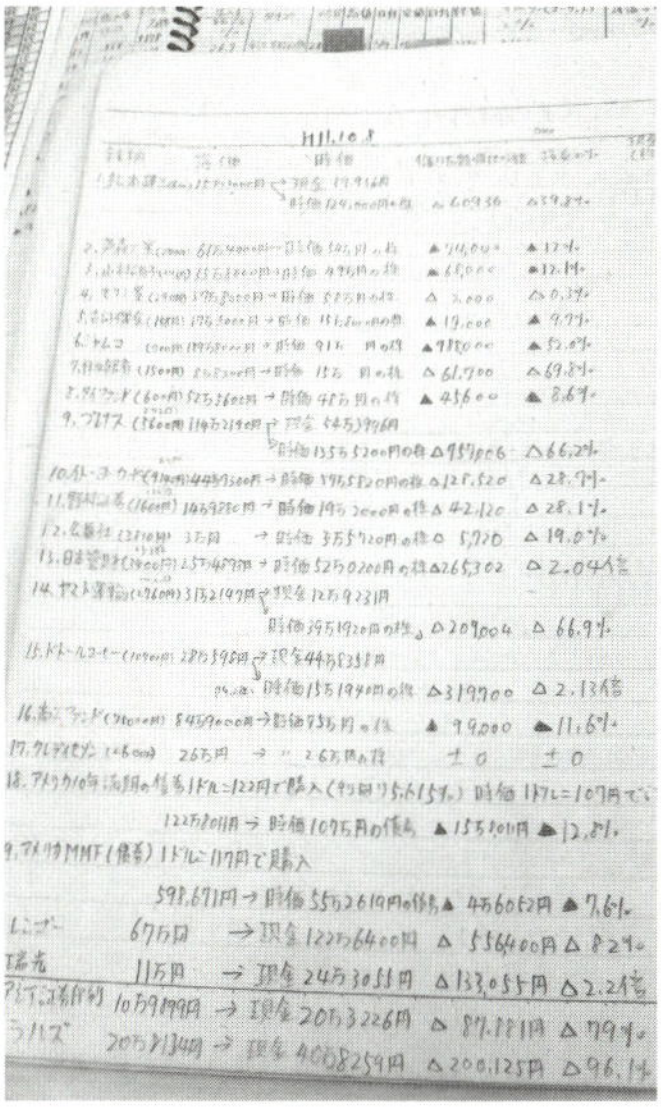

写真１　www9945さんの手書きノート

写真２　資産総額の計算表

東証1部の銘柄をコード順に実況するだけで、保有株の情報を得ることはほとんどできませんでした。

すぽ　それは大変ですね。

DAIBOUCHOU（以下、大膨張）　橋本内閣時代、2001年まで行われた金融ビッグバン以前だとそうですよね。

すぽ　その頃だと株を買うときは電話注文ですよね。買いたい値段を伝えたとして実際に買えたかどうかは、どうやって知るんですか？

9945　その日買えたかどうかは夕方に証券会社からの電話で知るような状況でした。15時までは証券会社の担当も忙しいので、市場が閉じたあとにようやくという感じで。

大膨張　それと比べたら、今は信じられないほど自由に売買できますよね。

9945　注文間違いも頻繁にあったと思いま

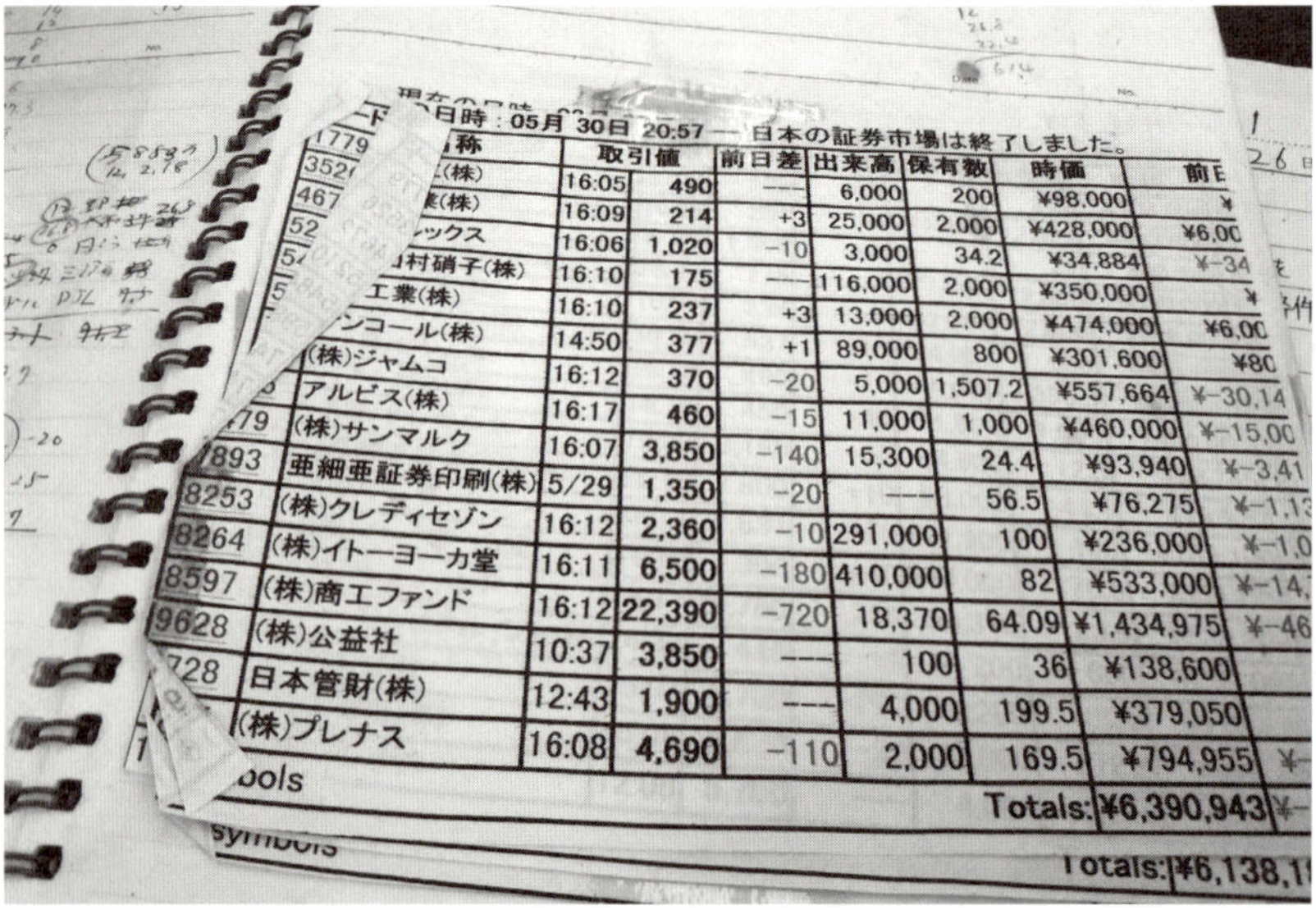

写真3　2000年頃からはYahoo!ファイナンスで管理もしやすくなった

す。ビッグバン以前は本当に闇鍋状態ですね。

すぽ　とすると、保有株の管理も大変だったんじゃないですか。

9945　そうなんですよ。そもそも自分がいくらで株を買えたかすら、メモを取って管理しておく必要がありました。整理された投資情報もほとんどないため、株価と購入株数を自分で掛け算して資産総額を計算してノートに記載していましたし。当時のノートがこれです（写真1、2）。1999年までの5年間はこんな感じで、ずっと手書きでやっていました。

すぽ　これはすごく貴重なものですね。よく残してありましたね。

9945　その後、Yahoo!ファイナンスが登場してようやく日々の情報をプリントアウトして管理できるようになったので、かなり楽になりました（写真3）。

四季報CD－ROMの登場でスクリーニングが可能に

大膨張　私は2000年頃、手数料が安くミニ株も買えたリテラ・クレア証券で投資を始めました。当時は四季報CD－ROMを活用していましたね。ITバブルの頃でしたが、純資産に対して株価が半分や3割しかない資産バリュー株を投資対象にしていました。資金は400万円ぐらいしかない頃でしたが、スクリーニング機能を使ってPBRが低い銘柄を一生懸命探して投資し、PBRが1倍近くになるまで株価の上昇を待つような安全投資を心がけていました。

9945　当時はリアルタイムに株価を知ることができるだけでも画期的でした。Yahoo！ファイナンスでは20分遅れでしたが、楽天のマーケットスピードでは板を並べて表示できるうえ、有料ならリアルタイムで見られたのはまさに革命でした。

すぽ　20分遅れなのは東証が無料で情報提供しているからですね。

9945　そんなこんなでガラケーで会社携帯から株価チェックやネットサーフィンしていたら月の請求額が1万8000円を超えて、上司からこれはヤバイぞと注意を受けました。

大膨張　それはひどいですね。

9945　ダメもとでそれまでの従量課金を定額制に変更してくれないかと頼んだら、なんとその要求が通って使い放題に。以降、ネットでガンガン検索して株価を見てましたね。

すぽ　その頃からネット依存が始まっていたんですね。

中国株投資では配当金の計算だけでも苦労の連続

すぽ　私は2005年に中国株を買うところから投資を始めました。日本の『会社四季報』に近い中国二季報というのを活用していました。

9945　これまたマニアックな話ですね。

大膨張　たしか二季報なので半年に一度しか情報がアップデートされませんが、複数あって出版社によって発売時期が違うから時期によって本を選ぶ感じですよね。

すぽ　この二季報は日本の『会社四季報』に似ていますが、日本ほど細かくないんです。メジャーな企業は情報量が多い反面、マイナー企業の情報量は少ない。掲載も全企業ではないので、買いたい企業が載っていないことも……。また中国株は突然、今日から売買停止ですと言われるようなことがあり、実際そこから5年間売買できないようなつらい目に2回も遭いました。

9945　中国株への投資で難しいのは、配当金も中国元だったり香港ドルだったりして、利回りの計算だけでもすごく面倒ですよね。

すぽ　そうなんですよ。たまに米ドルで配当がくる場合もあったりで、評価軸を合わせるだけでも本当に大変です。あと、個人で「チャイナストックマネージャ」というウィンドウズのフリーソフトを作ってくれた人がいて、それを活用していました。株価を引っ張ってくれるし、何より確定申告などで必要な情報を作るのに役に立っていました。

過去出会った思い出深いツールは今でも活用中

すぽ　投資ツールで記憶に残っているのは、２０１０年頃にあったバリュエーションマトリックスというサイト。ここのツールは詳細な企業分析ができて使いやすかったですね。実は今はＧＭＯクリック証券に売却され同じものを利用できます。当時のプレミアム機能も無料で利用できて大変便利です。ＢＳ、ＰＬ、キャッシュフローがグラフィカルに見られるので、直感的に数秒で全体像をとらえられるのがいい。

大膨張　私はＹａｈｏｏ！掲示板はよく活用していました。投資家同士のコミュニティの走りですよね。当時、セガサミーホールディングス（６４６０）という会社の掲示板には優秀な人が集まっていて、そこで投資のいろいろなことを学びました。

９９４５　例えば、どんなことですか？

大膨張　パチスロのプロみたいな人がいて製品の良し悪しを語ってくれたり、新台の導入ランキングや設置ランキングなどのサイトを紹介してくれたりしていました。

すぽ　今のゲームアプリランキングにもつながりますね。

大膨張　このときの経験が私の資産を大膨張させるのに貢献しました。不動産流動化銘柄の分析をする際に、物件の総数と販売件数を分析することで売れ行きを計算し、自信と根拠をもって決算の先回り買いができたのです。会社発表の数字だけを追いかけているとと表面しか見えませんが、会社の概況を細かく分析することを、この投資家仲間とのつながりで学びました。

すぽ　それまで投資は孤独な作業でしたね。

９９４５　投資家同士で会うことも難しかったですから。私はＹａｈｏｏ！掲示板に、1時間限定でプライベートなメールアドレスを公開しますと宣言して、ようやく個人投資家さんとのオフ会を開催していました。それが２００４年頃の話です。

ツールの進化が投資経験の差を埋めてしまう

大膨張　このような投資ツールの進化は今後も止まらないでしょう。例えば、昔は四半期の増益額は3Ｑの実績から2Ｑまでの実績を手計算しないとわからなかったのに、今や『株探』で一発表示できるようになっていますし。

９９４５　そうですね。建設業界などでは1～3月期の公共工事でどれだけ伸びるか丁寧に分析すれば、それが投資に活かせていました。

すぽ　今や、「この企業の季節要因はこんな感じです」と『株探』の表示ですぐ見えちゃいますからね。

大膨張　例えば、上方修正や下方修正を出しやすい企業とかは、長年その企業を追っている人だけのノウハウや特権だったのに、今や簡単にわかってしまいます。

すぽ　このような企業のクセを見つけるだけでも投資で儲けることができたのに、単純な手法がどんどん通用しなくなっていますね。

9945　でも、東映アニメーション（4816）は今季予想をいつもひどい数字で出しますよ。毎回予想が保守的なのはわかってるのに、そのたびに大幅安になるのは勘弁してほしい。

大膨張　まだそのアノマリー（規則性）が投資家に伝わっていないんですね。

すぽ　すごい知識と経験ですね。そこで空売りすれば儲かるんじゃないですか？

9945　私は空売りはやらないことに決めているんですよ。いつも痛い失敗ばかりなので。

すぽ　それにしてもツールがあまりに発達したため、今や情報そのものだけでは投資のエッジは効きにくい。つまり儲かりにくい時代が来ている気がします。

大膨張　そうですね。自分自身でしっかりと決算説明書を深く読み込むとか、より深掘りしないといけない気がします。

9945　未来を予想する想像力で勝負するとか。

すぽ　ｗｗｗ９９４５さんが実践している、実際の店舗を見に行くことなんかは特にエッジが効いていますよね。

9945　コロナでその手法も死んでしまったのだけれど。実際に店舗を見に行っても、客は入ってなくてどの銘柄も買えないという結論しか出てこなくなってしまって。

万能ツールは存在しない！ 複数ツールを使い分け

すぽ　私の日々のツールの使い方は、まずＹａｈｏｏ！ファイナンスで値上がり値下がりを確認します。次に、各種指標はＳＢＩ証券のアプリのトップ画面で、分析は『株探』をメインに、ＧＭＯクリック証券のツールとマネックス証券の銘柄スカウターを活用するなどしています。

9945　『株探』はＢＳ情報を見るには若干弱いですね。ページの下に少しあるだけだし。

すぽ　今後ツールが進化していったとしても、どうしても全員にピッタリの万能のツールというものは出てこないと思うんです。例えば、私にとって『株探』にも使いにくいところがあって、グラフィカルに見るときにはＧＭＯクリック証券のツールを、セグメント業績を見るには銘柄スカウターを使うなどしています。一方、銘柄スカウターではグラフ表示をわかりやすくするためか、縦軸が０から始まらないことがあり、それが全体感を掴むうえで私には見にくいわけです。

大膨張　銘柄スカウターはセグメント情報が見られたり、アナリストレポートの予想やＰＥＲ、ＰＢＲの推移なども見られて便利かなと思います。上方修正だけのリリースをまとめて見ることもできたりして。

9945　アナリストレポートの内容でもスクリーニングできるようにならないかな。

大膨張　『株探』はＣｏｏｋｉｅでログイン情報を保持しているので、ログインなしで情報にアクセスできるのが便利ですね。証券会社のツールではどうしてもセキュリティの観点からかログイン画面を経由する必要があって、サクッと銘柄情報にアクセスできないのが不便です。また、今回の本のテーマの『株探』からは業績予想ボタンで『四季報オンライン』に飛ぶことができますし、『四季報オンライン』からは決算速報（株探）ボタンで『株探』にも飛べるんです。両ツール同士で行ったり来たりできるので意外に仲良しなのかなと思ったりします。

9945　私はツールといえばハイパーＳＢＩで流れてくるニュースのウォッチと『株探』ぐらいしか使ってないんです。皆さんのようにそこまでがっつり分析して投資していないので。

すぽ　街角ウォッチングを中心になさっていましたしね。

9945　コロナの影響で今はそれが通用しないから、今年のパフォーマンスがいまいちなのかな。ところで、『株探』の特集記事が出ると株価が強く反応する現象も頻繁に起きてます。新日本製薬（４９３１）が突然10％上昇して何事かと思ったら、マザーズから東証への昇格期待ランキングに入っていて、「これか！」と思いました。

すぽ　あとでイナゴが買ってくると予想して転売ヤー（短期転売を目的に買う人）みたいな人たちが群がりますよね。でも結局、どちらがイナゴなのか、もはやわからない。

9945　日経新聞を取っている人は、企業の取り扱いの記事の大きさまで見ながら株価への反応を予想していたりもするので、ほんとマニアックな世界です。

新しいツールや機能の発見はツイッターから

9945　新しいツールや機能の発見は、私は主にツイッターを情報源にしています。

大膨張　私もツイッターが多いかな。バフェットコードというツールもツイッターを通して一気に認知が広がりました。

すぽ　基本的にツールは最初は無料のことが多いので、無料で使ってみて、いいと思ったら有料会員になって試してみる感じです。気に入らなければ解約すればいいですし。

9945　紙の四季報の発売前に、『四季報オンライン』の有料会員のみに出る先出し銘柄は、一時期ブームになりましたよね。あれで会員になる人が私の周りでも一気に増えました。

すぽ　なぜか皆、四季報発売後に暴騰する銘柄を当てようとしますよね。発売日に徹夜で読み込んだりして。あれは一種の祭りですね。

大膨張　エレフォロさんという方が作っている『株探』用オプションツールは便利ですよ。ブラウザのクロームにアドオンする形式で、昔は1000円だったけど、今は全部入りパックが税込みで1万1000円。それでも価値があると思います。例えば、減収なら数字が赤色、増収なら青色で表示されるようになっていたり。監視銘柄が多くなると分析が楽になります。

すぽ　証券会社が提供するツールにもいいものはたくさんあるので、どんどん活用すればよいと思います。証券口座は無料で開けるところが多いですから、まずは口座を開くことです。

ツールをうまく使って、いい会社探しに全集中

9945　とにかく今はいつでもどこでも売り買いができるのは本当に幸せなことです。スマホ一つで、電波さえ届けばどこでもできる。地理的なものを超えました。

大膨張　通信インフラが整ったのが大きいですよね。

すぽ　あと情報格差が消えたことは大きいです。情報格差によって、誰かにサヤを抜かれて余計なコストを個人投資家が被ることが少なくなりました。これからは個人投資家は本当によい企業を探すことに注力すればよくなったと思います。情報格差を活用して小銭を稼ぐような手法はもはや要らないと感じます。そして、自分の力で会社を見極める力が必要と思います。

大膨張　それとは裏腹に、銘柄の煽り屋が全盛期を迎えてますね。

すぽ　皆、情報を安易に信じすぎです。鵜呑みにすると損をする時代が来ていると思います。これだけツールが進化しているのだから、自分で判断できる投資家が増えればいいなと思います。せっかくこんないいツールがたくさんあるんだから。

手法をそのままマネできる！話題の単語でお手軽銘柄検索

私が投資を始めた1993年頃、株式投資に使えるツールのようなものはこの世にありませんでした。すべてはノートに手書きでメモをするところから始まりました。あれから30年近く経ち、投資環境は激変しました。電話注文ではなく、全世界どこにいてもスマホとネットがあれば取引ができる時代です。当然、自分自身も投資家

www9945
（ダブリューダブリューダブリューキューキューヨンゴー）
年収300万円の掃除夫だった1993年から株式投資を始め、億り人となり2014年念願の退職。旅行三昧の配当生活を送るも、常に信用取引で株と向き合う生粋の投資家。Twitter：@sp500500

としてその環境に常に適応し、変化を続ける必要がありました。

現在もまた、コロナという未曽有の事態の中でこれまで通用していた投資手法や銘柄選択が通用しない状況が起きています。私の得意とする街角を歩いて銘柄を探す手法もまったく機能しなくなりました。そんな状況で、また1から銘柄選択の手法を築き上げる必要があり、今回はその手法の一部をご紹介したいと思います。

本書を片手にPCを前にすれば、今すぐにでも銘柄発掘が開始できるほどシンプルなやり方です。これはツールが昔と比べ物にならないほど進化していることに由来します。本当にすごい進化です。

もしそのような画期的なツールをまだ十分活用できていない方は、まず私と同じやり方で実際にツールを使って試してみてはいかがでしょうか。きっと新しい世界が広がると思います。そして、これをきっかけにさまざまな工夫を凝らし、機能を組み合わせながら、ご自身のスペシャル銘柄検索術を作り上げてください。それができれば、投資がより面白くなり成果も期待できるはずです。

話題のキーワードを使ったリアルな銘柄選択術を大公開

街角ウォッチングでの銘柄発見は困難に

私の最も代表的な投資手法といえば「街角ウォッチング」による銘柄発掘です。街歩きをしながら定点観測をし、テナントの撤退や出店、客の入りなどを確認して、決算が出る前にその数字を感覚的に予想した先回り買いをするというものです。そのため、投資対象となるのは個人向けに商売をしている、いわゆるBtoCビジネスを営む会社が中心となり、実際投資金額の実に8割以上がこうした企業の株式になっています。

しかしコロナ禍の今、世間は危機的状況にあり、街そのものが死んでいます。それに伴って私の「街角ウォッチング」による銘柄発掘法も有効ではなくなりました。この投資法が機能しなくなってしまった今、どのような銘柄発掘による投資をしているか。そのカギが、これからお話する『株探』の活用法になります。次からは具体的に『株探』の画面を使いながら、投資判断の実例をお伝えしようと思います。

■図37　年足で見られる日経平均チャート

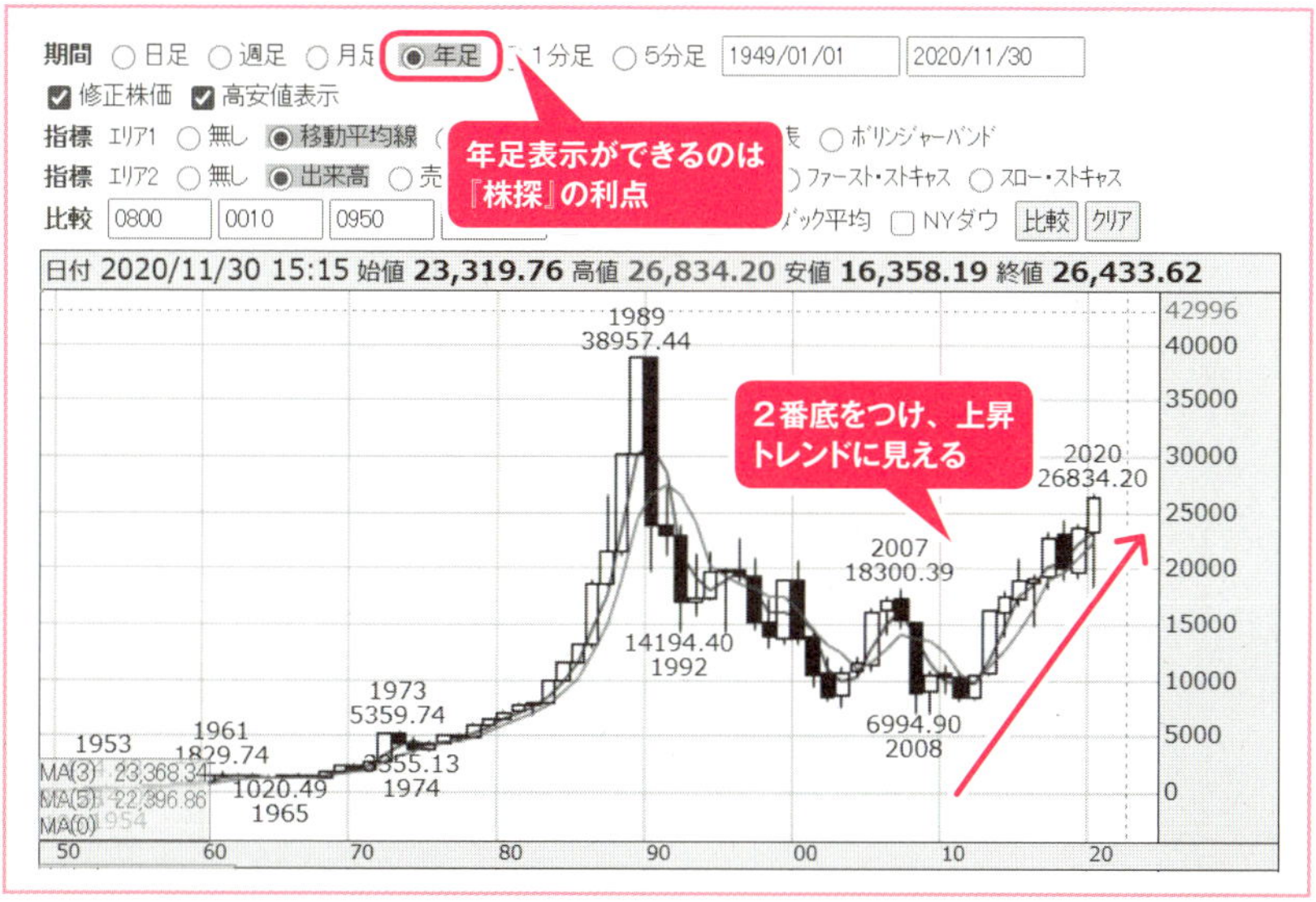

銘柄選択が非常に重要な時期

まず、相場の概況から押さえておきたいと思います。足元では日経平均が29年ぶりの高値を付けたといったニュースが流れたりしています。景気が落ち込む中、景気対策による市場への資金の流入が続き、不景気の株高といった様相を呈しています。

『株探』でトップ画面の上部にある「日経平均」を選択してチャートを表示させます。ここで初期設定の日足ではなく年足を選択したところが上図（図37）です。この年足を見ることができるツールはなかなかお目にかかりません。

この日経平均の超長期チャートを見ると、バブル期に最高値を付けて以降、2002年頃と2010年前後の2回底値を付けたあとは10年にわたって上昇を続けており、非常に上昇トレンドが強いように見受けられます。株高と円高が同時に進みながら、そのまま3万5000円超えを狙うような動きとなっても不思議ではないようにさえ思えます。そんな中でどんな銘柄を押さえてポートフォリオに組み込めるか、きちんと値上がりする銘柄を選択して買えているか。今、非常に重要な時期だと思います。

『株探』ならキーワードからの銘柄抽出が簡単

まず、本やニュースなどで今後のトレンドや主流となると思われるキーワードを見つけては、『株探』のテーマ検索を使って銘柄一覧から個別企業を診断していくというやり方を取ります。

私は投資関連の本を読むのが好きで趣味ともいえます。そのため、これまでは家に大量の書籍が山積みになっていましたが、最近段ボールに詰めてすべて実家に送ってしまいました。今ではもっぱらｉＰａｄで電子書籍を読むことが増えました。今回は、そんな中から渡部清二さんとエミン・ユルマズさんの共著『ウィズコロナ 日本株にビッグウェーブがやって来る！』（かや書房）を事例として取り上げたいと思います。

同書では日本文化の再評価がされるのではないかという仮説が語られています。彼らが「ネオジャポニズム」と呼ぶ発想の中で、私が気になったのが日本食です。世界遺産にも認定された日本食は、歴史や文化、その味はもちろんのこと、高タンパクで低脂肪な点も世界から注目

■図38　テーマ検索の仕方

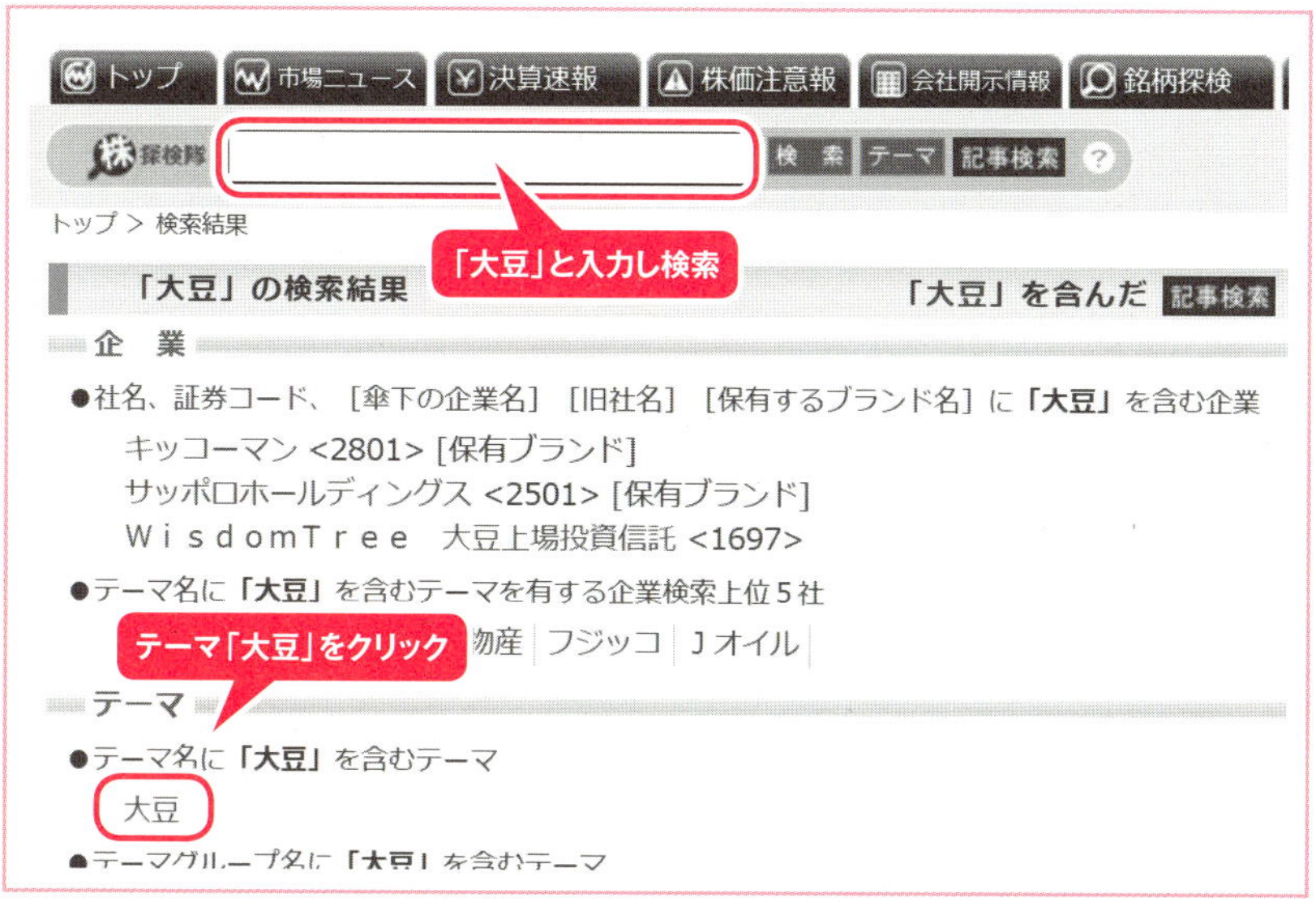

される可能性があると強く思いました。

その中でも特に大豆に注目しました。大豆ミートを使用したハンバーグなどの代替肉と呼ばれる加工食品には非常に未来があるように感じたのです。そこで、『株探』のテーマ検索を使って「大豆」で検索をかけてみることにします。

トップ画面の上部にある検索窓に大豆と入力し検索すると、「テーマ名に『大豆』を含むテーマ」が表示されますので「大豆」をクリックします（図38）。

そうすると「大豆関連が株式テーマの銘柄一覧」が表示されます（図39）。この時点では14銘柄が該当しています。さすがにこのあと14銘柄すべてを詳細に分析するのは数が多すぎて効率が悪いので、さらに候補を絞り込むためにPERが低い順に並べ替えを行います。PERは低いほど株価が割安と判断できるため、低PE

R順に並べ替えて、上から順に調査することにします。並べ替えて表示した結果が図40になります。詳細調査はPERが30〜40倍ぐらいのものまでに絞ります。ただし、今は企業業績がコロナの影響で全般的に落ち込んでいることを考慮すると、相対的に株価が高い状態であることも考慮して、もう少し高PERの銘柄まで調査対象を拡大してもいいように思います。

なお、PERの数値がない企業は基本的に赤字となっており、PERが算出不能という状態を示しているため、そのような企業は調査対象にはせず、購入対象にしません。

『株探』で1銘柄ずつ順番に分析

まずは一番上のニチモウ（8091）を調査することにします。『株探』は便利なので、そのままニチモウのコード番号のところをクリックすれば、その銘柄の詳細情報の画面に切り替わります。そこで何の事業をやっている会社なのかページ下の「会社情報」欄の概要を見てみます。すると、「漁網、漁具、水産物商社。海洋事業と水産加工品が柱。バイオ事業を育成へ。」とあります。どうも、お目当ての「大豆」とは深く関係がないように思えます。

もし、時間があるならば同社のホームページで詳細を確認するのもよいでしょう。しかし、この会社はあまりに違いそうなので、ブラウザの戻るボタンを押し、前の図40の画面に戻ってから次の銘柄に進みます。

■図39　検索でヒットした銘柄を低PER順に並べ替える

トップ > 大豆関連が株式テーマの銘柄一覧

大豆関連が株式テーマの銘柄一覧

大豆は、食卓に欠かすことのできない食材（豆腐、納豆など）や調味料（味噌、醤油など）に加工され、日本食には欠かせない存在だ。「和食」がユネスコ無形文化遺産に登録されるなか、日本のみならず世界的に見てもその存在感を増している。

市場別：全市場　1部　2部　新興

時価総額別（単位：億円）：全銘柄　…　300-1000　1000-

PERで並べ替えし、低PER順に表示を変更する

16:00現在　14銘柄

コード	銘柄名	市場	株価	前日比		ニュース	PER	PBR	利回り
2004	昭和産	東1	3,160	-115	-3.51%	NEWS	11.2	1.06	2.06
2209	井村屋G	東1	2,568	-21	-0.81%	NEWS	60.0	2.20	0.93
2551	マルサンアイ	名2	3,900	0	0.00%	NEWS	25.0	1.37	0.77
2607	不二製油G	東1	2,796	-114	-3.92%	NEWS	24.0	1.58	1.86
2613	Jオイル	東1	3,560	-90	-2.47%	NEWS	10.8	0.64	2.81
2762	三光Mフーズ	東2	299	-2	-0.66%	NEWS	–	3.55	–
2811	カゴメ	東1	3,810	-115	-2.93%	NEWS	39.1	3.04	0.94
2820	やまみ	東1	2,033	-24	-1.17%	NEWS	43.6	2.06	1.18
2905	オーケー食	JQ	1,080	+1	+0.09%	NEWS	–	1.97	–
2908	フジッコ	東1	1,959	-41	-2.05%	NEWS	16.8	0.84	2.04
2926	篠崎屋	東2	93	-1	-1.06%	NEWS	–	1.15	–
7604	梅の花	東2	900	-15	-1.64%	NEWS	–	3.54	–
8091	ニチモウ	東1	1,976	+2	+0.10%	NEWS	4.8	0.42	2.53
9941	太洋物産	JQ	432	-7	-1.59%	NEWS		–	–

■図40　低PER順に詳細を確認

コード	銘柄名	市場	株価	前日比		ニュース	PER	PBR	利回り
8091	ニチモウ	東1	1,976	+2	+0.10%	NEWS	4.8	0.42	2.53
2613	Jオイル	東1	3,560				10.8	0.64	2.81
2004	昭和産	東1	3,160				11.2	1.06	2.06
2908	フジッコ	東1	1,959				16.8	0.84	2.04
2607	不二製油G	東1	2,796	-114	-3.92%	NEWS	24.0	1.58	1.86
2551	マルサンアイ	名2	3,900	0	0.00%	NEWS	25.0	1.37	0.77
2811	カゴメ	東1	3,810	-115	-2.93%	NEWS	39.1	3.04	0.94
2820	やまみ	東1	2,033	-24	-1.17%	NEWS	43.6	2.06	1.18
2209	井村屋G	東1	2,568	-21	-0.81%	NEWS	60.0	2.20	0.93

PER30倍から40倍未満を調査対象銘柄とする

次は2番目のJ－オイルミルズ（２６１３）を調査します。同じくコード番号をクリックし詳細情報の画面に切り替えます。会社情報の概要では、「食用油大手。ホーネン・味の素製油・吉原製油が統合。業務用で高シェア。」とあり、先ほどのニチモウからはだいぶ近づいた印象があります。

しかし、今回は「株価トレンド」の部分がことごとく下向きとなっており、株価が完全な下落傾向にあることがわかります（図41）。株価がこのような状況にある場合、どこまで下落するかわかりません。私は株価が順調に上昇を続ける銘柄を買う順張り投資を心がけているため、このような株価が下落中の銘柄は投資対象外となり、これ以上の詳細調査はあきらめます。もし、株価の安いところで購入し反発を狙うような逆張り投資をされている方なら、逆に調査対象となるのかもしれません。

プレミアム会員なら25年分の決算数値が閲覧可能に

次に3番目の昭和産業（２００４）を確認します。先ほどまでよりよさそうなので、次のステップとして月足チャートを見てみます（図42）。どうでしょうか。見事なまでの美しい右肩上がりとなっています。

このチャートの意味するところは、会社に対する一定の期待が続き、購入したい人が売りた

■図41 J-オイルミルズ(2613)の詳細情報

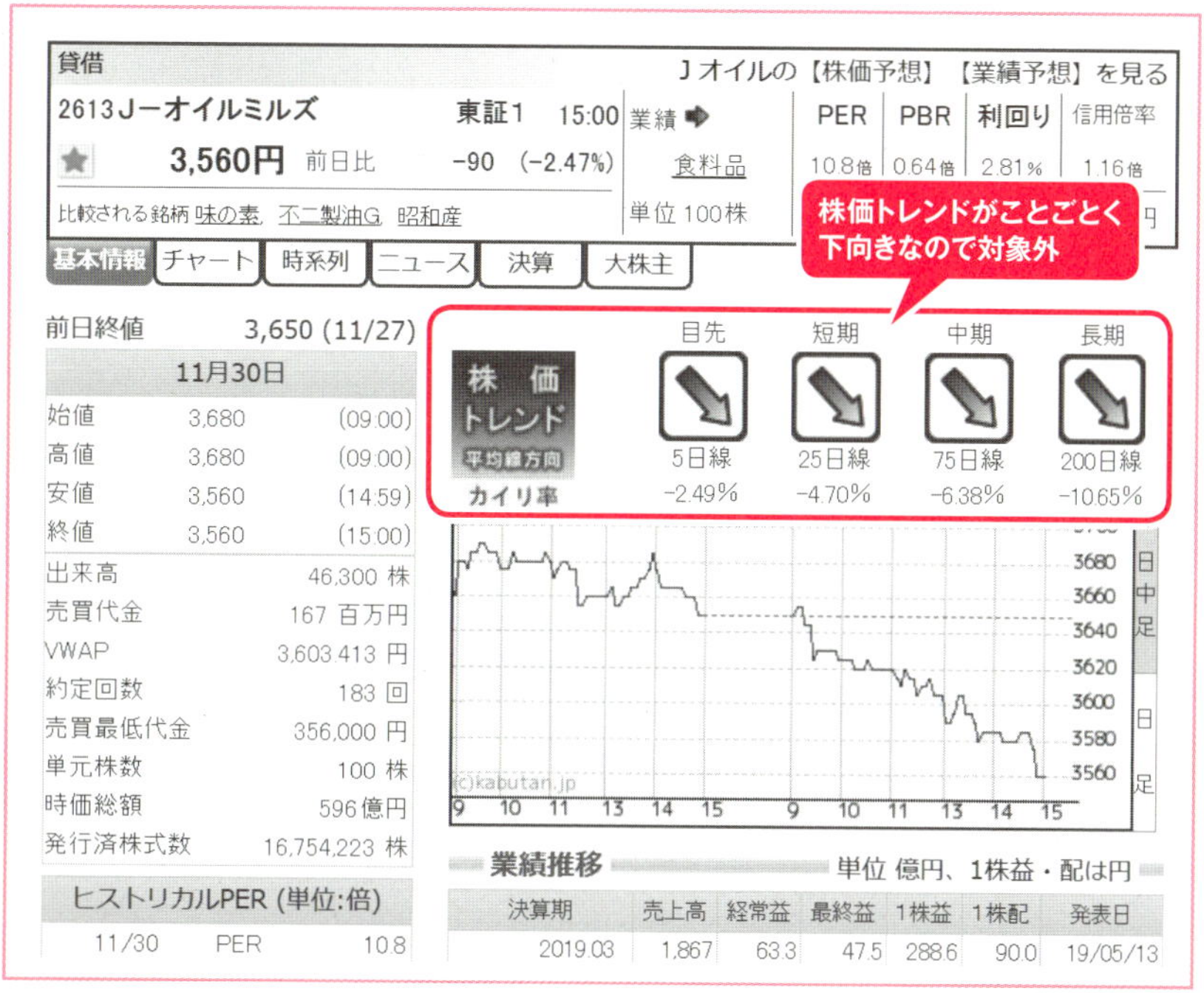

■図42 昭和産業(2004)の月足チャート

い人より常に多く、どの時点で買っても含み損になることなく株主が皆、利益を得ることができているということです。このようなチャートがまさに理想的な形です。ですので、もう一段踏み込んだ調査をかけてみます。次に見るのは、業績の推移です。

業績の推移は「決算」というタブを開いて確認します（図43）。無料会員ですと予想も含め5年分の業績推移を確認できます。「1997年3月期〜2016年3月期を表示」を押すと、『株探プレミアム』へのログインを促され、もし有料会員になっていれば予想を含め25年間分の業績推移を見ることができます。これは非常に便利で、かつ確認することは非常に重要と考えます。昭和産業の場合、直近5年間で見ると売上高は微増傾向にあるように見え、営業利益や経常利益のブレ幅が少しあるような印象です。しかし、25年間で見ると売上高の推移にもブレがあり、必ずしもきれいに順調に業績を伸ばしているわけではないことがよくわかります。

私が投資をする際には、できるだけ業績のブレなどの不確定要素が少ない銘柄を好むため、残念ながら昭和産業も投資対象の候補から外しました。ちなみに、直近決算発表の予定や、すでに発表があった場合、画面上にその旨の案内が表示される機能もあり、とても便利です。

『株探』が弱い機能は『会社四季報』などで補完する

最終的にすべての要素を一定以上満たした銘柄が、5番目の候補としてあがった不二製油グ

■図43　「決算」タブで業績推移を確認

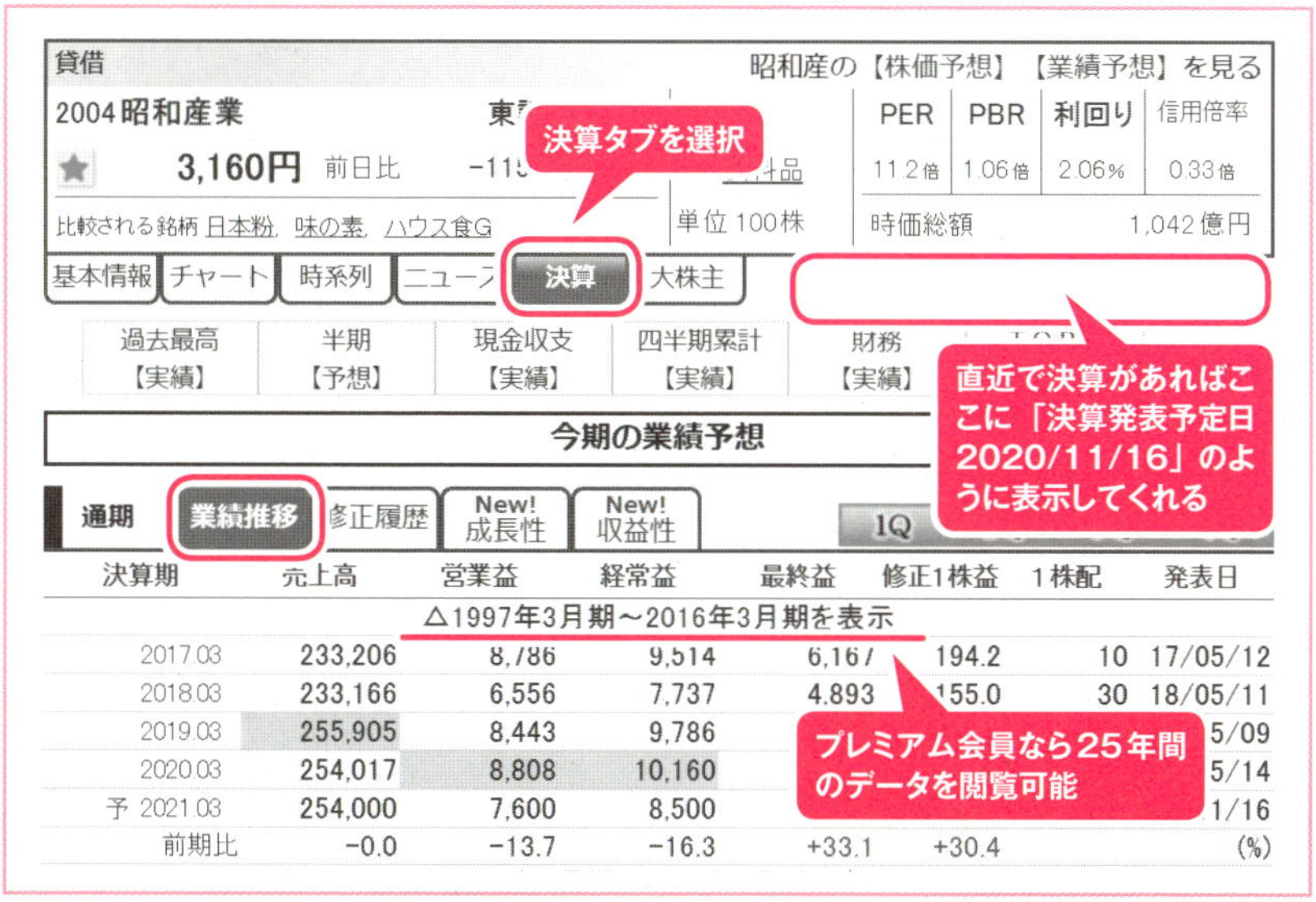

ループ本社（2607）でした。会社情報の概要には「油脂大手。製菓向けに強み。大豆タンパク食品も。北米・業務チョコ大手買収。」と記載があり、大豆タンパクの記載がばっちり書かれています。しかし『株探』の情報はこのセグメント業績に関連する記載が若干弱い印象があります。『会社四季報』なら、だいたいの場合「単独事業」または「連結事業」の欄に全売上に占めるセグメント別の割合と、それぞれの項目の大まかな利益率が表示されています。

例えば不二製油の場合は、「大豆加工素材」という事業の売上比率は全体の9％と少ないものの、利益率は11％と、ほかのセグメントの利益率に比べて高く、将来の収益の柱になりそうな印象を得ることができます。食品関連で利益率が2桁あるというのはとても珍しく、儲かるビジネスだなという印象も感じます。

また、海外売上比率を見ると60％と非常に高く、輸出に力を入れている点も、まさに最初に思い描いた「ネオジャポニズム」のストーリーとぴったりあう状況でした。

失敗したら原因を考え新しい手法を取り込むことも重要

ここまではかなり理想的ですが、念のため業績推移も確認しておきます。

調査の段階では業績推移も直近はおおむね順調であることが読み取れました（図44）。売上高は順調に伸びており、直近8年分ぐらいは利益も順調に伸びています。その他、この会社の主力事業の内容を確認するなどの調査を経て購入を決意します。私のポートフォリオの中で準主力として3400株、約1000万円ほど購入しました。

そして、現在どうなったかということですが、すでに勘のいい方はお気づきかもしれません。実は図44の最終行にあるように、購入後に出た決算発表にて業績の下方修正と減配を発表し、株価は大幅下落しています。この情報は、私が購入を検討していたときにはなかった数字でした。まさかこのようなことになろうとは思ってもみませんでした。

結果、この下方修正を見て保有株の6割を売却、準主力から一歩後退させ今後の推移を見守ることにしました。

投資は必ず成功するわけではありません。ですが、失敗を繰り返しつつも、その失敗を次は

■図44　不二製油グループ本社(2607)の売上高の伸び

貸借　不二製油Gの【株価予想】【業績
2607 不二製油グループ本社　東証1　15:00　業績
2,796円　前日比　-114 (-3.92%)　食料品
比較される銘柄 Jオイル、日清オイリオ、昭和産　単位 100株
PER 24.0倍　PBR 1.58倍　利回 1.8
時価総額

基本情報　チャート　時系列　ニュース　決算　大株主

過去最高【実績】　半期【予想】　現金収支【実績】　四半期累計【実績】　財務【実績】　TOPへ

今期の業績予想

通期　業績推移　修正履歴　New! 成長性　New! 収益性　1Q　2Q

▽閉じる

決算期	売上高	営業益	経常益	最終益	修正1株益	1株配
1997.03	123,167	5,400	3,954	3,454	38.3	
1998.03	123,730	4,333	3,707	1,816	20.1	
1999.03	128,744	5,815	4,640	1,597	17.9	
2000.03	141,748	9,585	8,590	4,319	49.0	
2001.03	143,414	12,788	11,517	3,680	42.0	
2002.03	151,094	12,329	11,557	4,051	46.3	
2003.03	154,470	11,436	10,827	4,654	52.5	
2004.03	161,140	11,006	10,601	5,660	64.2	
2005.03	172,978	11,405	10,946	7,023	79.7	
2006.03	175,172	9,277	8,952	4,334	49.1	
2007.03	184,910	7,095	6,498	3,259	37.6	
2008.03	214,079	7,655	6,931	-841	-9.8	
2009.03	[illegible]	[illegible]	[illegible]	7,485	87.1	1
2010.03	[illegible]	[illegible]	[illegible]	10,726	124.8	
2011.03	[illegible]	[illegible]	[illegible]	9,783	113.8	
2012.03	236,594	12,983	13,017	8,290	96.4	
2013.03	232,161	14,147	13,847	8,336	97.0	
2014.03	253,004	15,241	14,798	8,164	95.0	
2015.03	271,903	14,211	13,405	9,330	108.5	
2016.03	287,537	16,840	14,121	9,227	107.3	
2017.03	292,547	19,694	19,712	12,105	140.8	
2018.03	307,645	20,481	19,983	13,742	159.9	
2019.03	300,844	18,525	18,176	11,582	134.8	
2020.03	414,727	23,598	22,359	16,375	190.5	
予 2021.03	360,000	16,500	15,300	10,000	116.3	
前期比	-13.2	-30.1	-31.6	-38.9	-39.0	

△閉じる

売上は順調に伸び、直近8年間ぐらいは利益も堅調

しないようにするにはどうしておけばよかったのか、それを考えて新たに分析手法や購入の判断条件に加えていくということが大切だと考えます。ここがとても重要であり、私自身も投資を続ける限り常にアップデートが必要だと心に刻んでいます。

まずは思い浮かぶキーワードで試してみよう

今回ご紹介した一連の手順は、非常に汎用性が高いため、読者の皆さんにお試しいただくのには非常によい方法だと思います。試しに、今話題の「5G」で同じ手法で銘柄選択を実施してみることにします。

かなり乱暴な切り口ですが「5G」でテーマ検索すると、102銘柄ほどヒットします。さすがは注目を集める次世代の技術ですね。これを低PER順に並べ替えてみます。それでもPER40倍未満の銘柄が70銘柄近く大量に並びます。さて、次はどうしたものか。

私の場合、ある程度の資産額があるため、主力級として扱うには時価総額が一定以上で流動性のある銘柄を大量に買う必要があります。そこで、ここでは時価総額が大きい銘柄に絞ってみたいと思います。

5G関連の銘柄一覧を表示したあと、「時価総額別」というところで、1000億円以上を選択してみます。すると、102銘柄から40銘柄に絞られ、その中でPER40倍未満の銘柄は

■図45　時価総額とPERでソート

時価総額1000億円以上にすると40銘柄にまで絞れる

市場別：全市場｜1部｜2部｜新興

全銘柄｜-50｜50-100｜100-300｜300-1000｜1000-

人気テーマ ベスト30　株価更新

2020年11月30日　16:00現在　40銘柄

PERで並べ替える

コード	銘柄名	市場	時価総額	株価	前日比		ニュース	PER	PBR	流動性
1417	ミライトHD	東1	1,695	1,565	-34	-2.13%	NEWS	10.5	0.77	高い
9432	NTT	東1	96,154	2,465.0	-55.5	-2.20%		10.7	0.94	高い
9433	KDDI	東1	68,722	2,982.5	-77	[illegible]		10.7	1.48	高い
9434	SB	東1	61,491	1,284.5	-2.5	-0.19%	NEWS	12.5	5.38	高い
6501	日立	東1	38,386	3,966	-121	-2.96%	NEWS	12.8	1.32	高い
7203	トヨタ	東1	228,377	6,999	-253	-3.49%	NEWS	13.8	0.93	高い
1951	協エクシオ	東1	3,166	2,687	-89	-3.21%	NEWS	14.2	1.11	高い
1721	コムシスHD	東1	4,357	3,090	-100	-3.13%	NEWS	15.3	1.25	高い
5214	日電硝	東1	2,271	2,282	-47	-2.02%	NEWS	15.8	0.47	高い
6701	NEC	東1	15,361	5,630	-30	-0.53%	NEWS	17.0	1.54	高い
2327	NSSOL	東1	2,922	3,085	-35	-1.12%	NEWS	17.6	1.72	高い
6702	富士通	東1	30,026	14,505	+85	+0.59%	NEWS	18.2	2.29	高い

27になりました（図45）。なお、この時価総額で候補を絞り込む機能は、『株探プレミアム』の有料会員のみの機能になります。

このように、詳細分析する企業を絞り込んだあとは、チャートからでも決算からでも、自分の定番の分析方法を作り深掘りすれば、自分にぴったりの銘柄を見つけることができるようになってきます。『株探』は、ほかにも四半期ごとの決算が見られ、企業の季節性収益も確認できたりします。あなただけの、お気に入りの手法をぜひ見つけてください。

投資手法を進化させよう

以上をまとめると、本やニュースで気になる話題のキーワードを見つけたらテーマ検索を実行、チャートやPER、売上や利益の伸びを見て購入となります。

私の場合は、「順張りのピラミッディング」という投資手法をしています。

具体的には、ある程度の絞り込みが完了したら、全銘柄を同等の金額で購入します。しばらくすると、株価に強弱が付きますので、値下がりしたものを売り、その資金で値上がりしている銘柄を買い増すことで、株価が堅調に推移する銘柄に徐々に集中投資をしていくというやり方になります。この買い増しをする際は、一気に買うのではなく株価の値上がりを確認しながら少しずつ買い値を上げて購入していきます。こうすることでピラミッドのように持ち株を積み上げていきます。

最後にもう一つ、『株探』の面白い利用法をご紹介します。

『株探』のトップ画面から企業名、例えば私の主力銘柄の一つ「サイバーエージェント」を検索します。すると検索結果の下に、「日本の株主」という項目があります（図46）。この社名をクリックすると、なんとサイバーエージェントが保有するほかの上場企業の株数が検索できます（図47）。

これにより、サイバーエージェントの子会社はもちろん、どのような会社と資本関係があるか、またはサイバーエージェントが保有する有価証券の評価額などの計算も可能です。昨今注目される親子上場解消のためのＴＯＢ狙いなど、いろいろなことに応用できますので、ぜひ活用してみてください。

■図46　日本の株主

日本の株主

- 有価証券報告書に掲載された「**サイバーエージェント**」を含む大株主
  - サイバーエージェント（7社保有）
- 大量保有報告書を提出した「**サイバーエージェント**」を含む投資家
  - サイバーエ[…]
  - サイバーエージェント・キャピタル

<< トップページに戻る

サイバーエージェントをクリック

■図47　保有する他企業の株数が見られる（※プレミアム会員向け機能）

サイバーエージェントが保有する銘柄一覧

保有する全銘柄の一覧　【単位】時価総額：百万円、保有割合：%、PER・PBR：倍、利回り：%

保有銘柄数	時価総額合計	平均					サイバーエージェント時価総額
		保有割合	株主順位	PER	PBR	利回り	
7	86,070	14.92	3.3	363.2	17.94	0.64	903,950

注）上場企業が提出する有価証券報告書に記載されている株主上位10社に基づいて集計したデータです。11位以下の保有株は対象外です。

保有銘柄一覧　【単位】銘柄欄の時価総額：百万円、保有割合：%、PER・PBR：倍、利回り：%

市場別：全市場　1部　2部　新興

時価総額別（単位：億円）：全銘柄　-50　50-100　100-300　300-1000　1000-

2020年11月30日　16:00現在　7銘柄

コード	銘柄名	市場		株価	保有する時価総額	保有株数	保有割合	株主順位	PER	PBR	利回り
3696	セレス	東1		2,817	1,408	500,000	4.33	6	44.5	4.68	0.64
3900	クラウドW	東M		1,324	2,005	1,514,100	9.94	2	－	6.45	－
3991	ウォンテッド	東M		1,187	983	828,500	8.88	2	208	10.54	－
4477	BASE	東M		9,590	8,650	902,000	4.41	5	1,229	50.82	－
4479	マクアケ	東M		10,720	69,519	6,485,000	56.37	1	278	47.01	－
7069	サイバーバズ	東M		2,700	1,620	600,000	16.10	3	56.7	5.12	－
7860	エイベックス	東1		942	1,884	2,000,000	4.41	4	－	0.94	－

※現値ストップ高は「S」、現値ストップ安は「S」、特別買い気配は「ケ」、特別売り気配[…]
※PER欄において、黒色「－」は今期予想の最終利益が非開示、赤色「－」は今期[…]ことを示しています。
※保有株式数は公表された時点のものを掲載し、その後に行われた株式分割・併[…]

サイバーエージェントの資本関係や保有資産がわかる

バリュー株中心の〝ポートフォリオ〟で10倍を目指せ！

僕の投資手法はバリュー投資。つまり、業績は好調なのに株価の評価が低い銘柄に投資する手法です。業績が好調で成長性があれば、何かのきっかけで必ず株価は上昇します。割安で放置されていた銘柄の株価が過剰に評価されてきたり、業績に陰りが見えたりしてきたら手仕舞って、利益を確保します。この繰り返しです。

DAIBOUCHOU（だいぼうちょう）

投資歴約20年の専業投資家。2005年前後には200万円を一時10億円にまでDAIBOUCHOU（大膨張）させる。その後、リーマンショックで資産が半減するが、安定重視の資産分散投資にシフトして投資を続け、講演などでその知見を広めている。著書に『DAIBOUCHOU式新・サイクル投資法』（宝島社）がある。

これだと思った銘柄、約120銘柄に分散投資していますが、日経225（日経平均）になぞらえて、自称「俺225」と呼んでいます。よくテンバガーが話題になりますが、一つの銘柄でテンバガーを狙うのではなく、自分のポートフォリオ全体で10倍を狙ったほうが、確実でしょう。僕はその方法で資産を10倍以上にしました。

発掘した銘柄は、あらゆる観点から吟味します。そのときなくてはならないツールが『株探』と『会社四季報』です。

銘柄選びで僕が重視しているのが、まず収益面と将来性です。収益面は財務諸表の数字から読み解くことが必要なのですが、ここで活用するのが『株探』です。そして、将来性を読み解くために、アナリストなどによる分析からヒントを得ます。僕は主に『会社四季報』のコメントを参考にしています。

このように数値的な定量データとビジネスモデルなどの定性データを分析して、バリュー銘柄を発掘するのです。『株探』と『会社四季報』がなければ投資はできないと言っても過言ではありません。

定量データと定性データを駆使して、お宝銘柄をゲット！

業績の良し悪しは、25年の長期で判断する

まずは『株探』を使った、業績判断の方法を解説します。『株探』の「決算」情報がメインになります。

決算タブを開き、1年ごとの通期の「業績推移」や「成長性」で、過去の業績推移を見ます。『株探』はプレミアム有料会員になれば、25年間の推移が見られるのがメリットです。

誰もが知っている銘柄で、例えばソフトバンクグループ（９９８４）を見ると、売上は順調に伸びていますが、２００２年から２００５年は営業利益がマイナス、直近でもマイナスだということがわかります（図48）。しかし、リーマンショックで経済が低迷していた２００８年以降の数年間、ソフトバンクグループの業績は低迷していません。金融危機が起きた状況でも強かったということがわかります。このように、景気が悪いときにも強いとか、弱いとかがわかるのです。

■図48 ソフトバンクグループ（9984）の業績の推移

通期 | 業績推移 | 修正履歴 | 成長性 | New! 収益性 | 1Q | 2Q | 3Q | 4Q

決算期		売上高	前年比	営業益	前年比	経常益	前年比	修正1株益	前年比
連	1997.03	359,742	2.1倍			27,877	+93.7	5.3	+37.9
連	1998.03	513,364	+42.7			24,271	−12.9	5.6	+5.5
連	1999.03	528,159	+2.9	12,129	−56.5	−15,447	赤転	20.3	3.6倍
連	2007.03	2,544,219	2.3倍	271,065	4.4倍	153,423	5.6倍	13.7	−49.7
連	2008.03	2,776,168	+9.1	324,287	+19.6	258,614	+68.6	50.8	3.7倍
連	2009.03	2,673,035	−3.7	359,121	+10.7	225,661	−12.7	20.0	−60.7
連	2010.03	2,763,406	+3.4	465,871	+29.7	340,997	+51.1	44.7	2.2倍
連	2011.03	3,004,640	+8.7	629,163	+35.1				
連	2012.03	3,202,435	+6.6	675,283	+7.3				
I	2013.03	3,202,536	—	799,399	—				
I	2014.03	6,666,651	2.1倍	1,077,044	+34.7				
I	2015.03	8,504,135	+27.6	918,720	−14.7	1,213,035	+31.3	281.1	+28.7
I	2016.03	8,881,777	+4.4	908,907	−1.1	919,161	−24.2	201.3	−28.4
I	2017.03	8,901,004	+0.2	1,025,999	+12.9	712,526	−22.5	643.5	3.2倍
I	2018.03	9,158,765	+2.9	1,303,801	+27.1	384,630	−46.0	466.8	−27.5
I	2019.03	9,602,236	+4.8	2,353,931	+80.5	1,691,302	4.4倍	634.1	+35.8
I	2020.03	6,185,093	−35.6	−1,364,633	赤転	35,492	−97.9	−478.5	赤転
I 予	2021.03	—	—	—	—	—	—	—	—

成長性を見る

直近では赤字だが、2008年のリーマンショック以降も大きく業績は悪化していない

できるだけ長期で見ないと、5年だけの業績では、単に景気の波に乗って業績がよかっただけで、25年で見るとそれほど伸びていない場合もありますから、注意が必要です。

3カ月決算で、季節性を読む

次に3カ月決算の「業績推移」を見ます。ここでは季節性がわかります。例えば、1－3月の期末に利益が大きく計上されるとか、7－9月は業績が落ち込みやすいといったケースです。2019年は10月に消費税増税がありましたので、駆け込み需要で9月に業績が伸びている会社が多いのですが（図49）、そういう出来事は一過性のものです。そこに惑わされないためにも、25年間の長期で見る必要があります。

そのほかにも、小売りは総じて9月が落ち込

■図49　消費増税の駆け込み需要などで一時的に業績を伸ばす会社も

3カ月決算【実績】　業績推移　New! 成長性　4Q　1Q　2Q　3Q　4Q

	決算期	売上高	営業益	経常益	最終益	修正1株益	売上営業損益率	発表日
	▽閉じる							
I	15.09-11	520,303	75,921	77,666	48,024	471.1	14.6	16/01/07
I	15.12-02	491,350	23,420	4,375	−981	−9.6	4.8	16/04/07
I	16.03-05	422,963	46,488	40,054	23,967	235.1	11.0	16/07/14
I	16.06-08	351,857	−18,537	−31,858	−22,958	−225.2	−5.3	16/10/13
I	16.09-11	528,847	88,591	104,204	69,695	683.5	16.8	17/01/12
I	16.12-02	488,661	42,066	43,406	27,538	270.1	8.6	17/04/13
I	17.03-05	460,450	49,961	47,867	22,880	224.4	10.9	17/07/13
I	17.06-08	383,959	−4,204	−2,079	−833	−8.2	−1.1	17/10/12
I	17.09-11	617,026	113,901	11			18.5	18/01/11
I	17.12-02	569,739	56,591	4			9.9	18/04/12
I	18.03-05	517,384	68,405	7			13.2	18/07/12
I	18.06-08	425,911	−2,685				−0.6	18/10/11
I	18.09-11	644,466	104,665	11			16.2	19/01/10
I	18.12-02	623,231	68,276	63,128	40,553	397.4	11.0	19/04/11
I	[illegible]	[illegible]	[illegible]	[illegible]	[illegible]	437.5	13.5	19/07/11
I	19.06-08	467,671	9,948	5,236	3,910	38.3	2.1	19/10/10
I	19.09-11	623,484	91,690	102,015	70,907	694.7	14.7	20/01/09

2019年9月は、10月からの消費増税前の駆け込み需要で業績を伸ばしている会社（特に小売りなど）が多い

むとか、不動産だとマンションの完成がずれると3カ月ごとの業績に表れてきますので、業績の良し悪しの要因をしっかりと見極めることが大切です。通期と3カ月決算の両方を見れば、長期、短期での数字の出方がわかってきますので、その会社の決算の出し方の傾向や特性も理解できるようになるのです。

上方修正の常連を探す

もう一つ、会社の決算の出し方の特性を知る、便利な機能があります。

日々のサプライズ情報の中に、上方修正、下方修正があります。これは、会社が当初の業績予想を高く見直したり、低く見直したりすることで、このサプライズ情報が出ると株価は大きく動きます。

■図50　修正履歴を見て頻繁に上方修正している会社に注目

決算期	修正日	−	修正方向	売上高	営業益	経常益	最終益	修正配当
2016.03	15/04/27	初		675,000	112,000	112,000	79,000	155
	15/07/10	修	→→→→↑	675,000	112,000	112,000	79,000	222
	15/07/28	修	↓↓↓↓↓	645,000	95,000	95,000	66,000	188
	15/10/27	修	↑↑↑↑↑	660,000	105,000	106,000	72,000	219
	16/04/26	実	↑↑↑↑↑	663,948	116,788	119,399	77,891	237
2017.03	16/04/26	初		[illegible]	—	—	—	—
	16/05/12	修	-----	[illegible]	[illegible]	124,000	85,000	260
	16/10/28	修	↑↑↑↑↑	[illegible]	[illegible]	142,000	100,000	305
	17/04/28	実	↑↑↑↑↑	799,719	155,697	157,549	115,208	352
2018.03	17/04/28	初		980,000	216,000	216,000	163,000	497
	17/10/31	修	↑↑↑↑↑	1,130,000	271,000	271,000	198,000	605
	18/04/25	実	↑↑↑↑↑	1,130,728	281,172	280,737	204,371	624
2019.03	18/04/25	初		1,400,000	366,000	366,000	270,000	823
	18/10/31	修	↓↓↓↓↓	1,280,000	309,000	315,000	237,000	724
	19/04/26	実	↓↑↑↑↑	1,278,240	310,571	321,662	248,228	758
2020.03	19/04/26	初		1,100,000	220,000	220,000	164,000	502
	19/10/31	修	↑↑↑↑↑	1,110,000	225,000	229,000	170,000	536
	20/01/30	修	→→→→↑	1,110,000	225,000	229,000	170,000	539
	20/04/30	実	↑↑↑↑↑	1,127,286	237,292	244,979	185,206	588
2021.03	20/04/30	初		—	—	—	—	—
	20/06/18	修	-----	1,280,000	275,000	275,000	205,000	660
	20/10/29	修	↑↑↑↑↑	1,300,000	281,000	281,000	210,000	675

頻繁に上方修正している

東京エレクトロン（8035）

実は、この上方修正、下方修正は、会社によって〝くせ〟があり、頻繁に上方修正する会社もあれば、その逆もあります。

この傾向を読み解くことができるのが、通期の「修正履歴」です。例えば東京エレクトロン（8035）を見ると、わりと頻繁に上方修正しているのがわかります（図50）。いつも弱気に――いや慎重に業績予想し、あとで上方修正するのです。会社によっては価格交渉の際、儲かっていることがわかると、取引先と交渉しづらいといった背景もあるのかもしれません。

「ヒストリカルPER」で確認

さらに、業績推移を細かく分析すると「成長性」が見えてきます。

成長性は、売上高と営業利益を見て、どちらも年々伸び、それが加速しているのが理想です。まずは、何パーセント伸びているかというより、ざっくりと眺めて判断すればよいでしょう。

バリュー株は主にＰＥＲと営業利益の成長率を見ますが、成長性が高いとＰＥＲはすでに50倍以上になっています。そうなると、バリュー株とはいえず、僕の投資対象からは外れてしまいます。ただし、その中でも３～５年の営業利益が50％で成長している銘柄であれば、まだ検討の余地はあるでしょう。

よく、「ＰＥＲが何倍なら、割安ですか？」といった質問を受けるのですが、一概に何倍と言っても意味がありません。なぜなら、ＰＥＲは業種や銘柄によって平均値が変わってくるからです。ＰＥＲ20倍が安い銘柄もあれば、高い銘柄もあります。

そこで、この銘柄がどのくらいのＰＥＲで評価されているのかを判断するのに便利な機能がチャートの「ヒストリカルＰＥＲ」です（図51）。

例えばエムスリー（２４１３）のＰＥＲは平均値が約62倍で、40～１２０倍の間を推移しています。株価はこの10年で約20倍になりました。今だから言えることでもあるのですが、これで見ると10年前はＰＥＲが約30倍。一般的にいうと30倍は高いですが、この銘柄の場合は安かったということになります。直近では、２０１７年の中頃や２０１８年末は平均を下回っていますので、たとえＰＥＲ50倍だったとしても割安だったということが言えます。

■図51　エムスリー（2413）のヒストリカルPER（※プレミアム会員向け機能）

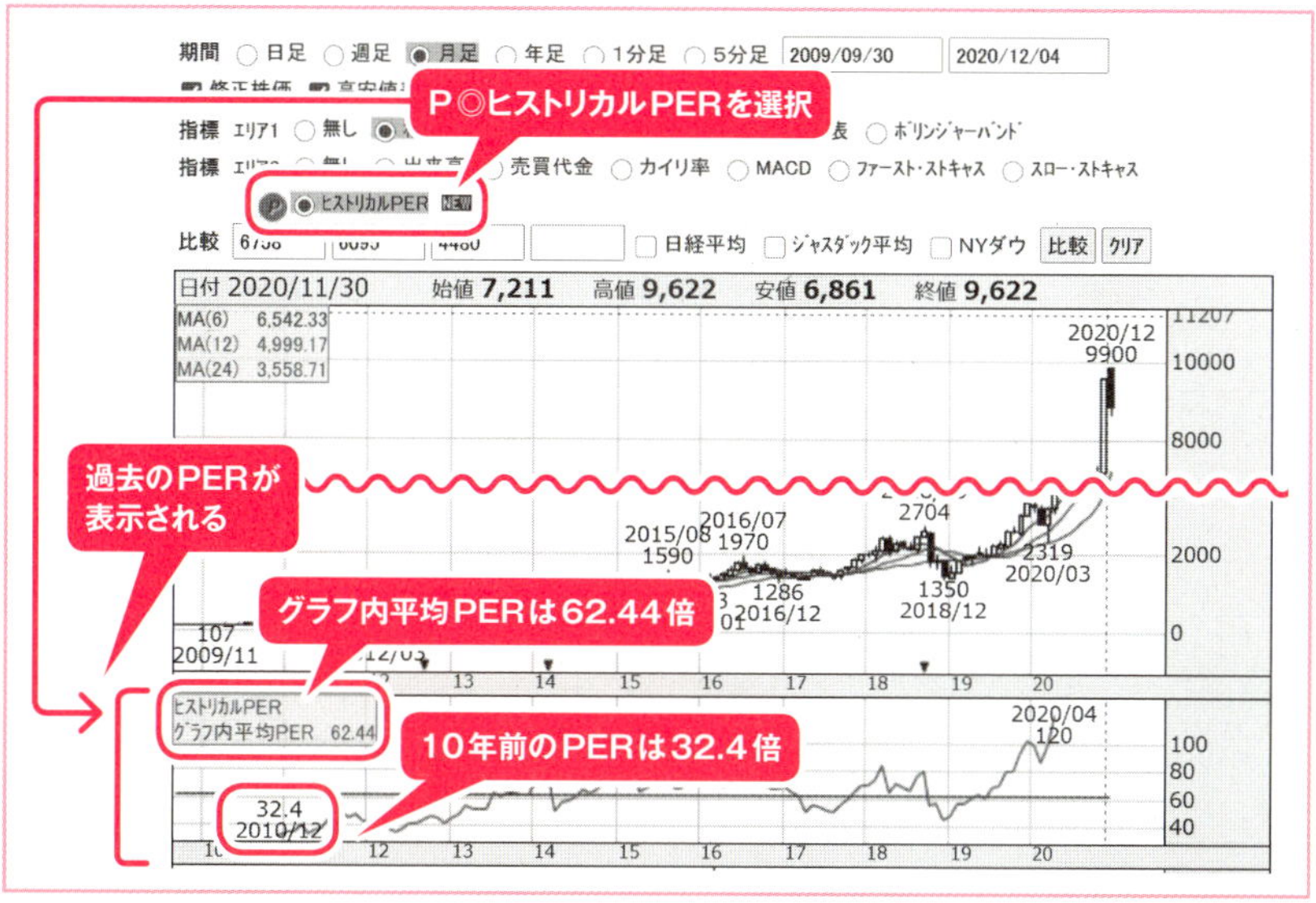

エムスリー（2413）

四季報の記事にヒントが

これまでは、数字による定量データでしたが、次に定性データです。

『株探』と『四季報オンライン』は実はリンクしていて、ワンクリックで飛ぶことができます。銘柄の右上にある、**【業績予想】**をクリックすると『四季報オンライン』に飛びます。有料会員になると、四季報の記事を見ることができます。もちろん、雑誌の『会社四季報』でもかまいません。僕は四季報記者による記事を重視しているので、欠かせない情報です。

記事には、受注の動向や次の決算の傾向について記者が徹底的に調べた内容が掲載してありますので、短いコメントですが、貴重な情報です。ここにお宝銘柄のヒントが隠されているのです。ある意味、定性データはほかにもありますが、四季報の記事はオリジナルの情報で、ほとんどの投資家は読んでいるでしょう。

例えば、『株探』と連携させる使い方は、修正履歴で上方修正しがちな企業をピックアップし、四季報の記事もチェックすれば、「また上方修正するのでは？」という予測が立てられます。上方修正を発表するタイミングも修正履歴で予測できるので、その前に仕込んでおくといった使い方もあります。

また、調べる銘柄が決まっている場合は『四季報オンライン』でも調べられますが、発掘するという意味では、雑誌の『会社四季報』をお勧めします。見開きに4つの銘柄が掲載されていますが、これをパラパラと読んでいくうちに、偶然お宝銘柄を発掘することもあるのです。

特定の銘柄を調べる際にも、ページを開くと自分の調べたい銘柄のほか、3つの銘柄が掲載されていることになります。ふと隣の記事を見たらよりよい銘柄に出会ったということもよくある話です。

四季報の情報を先取りできれば有利

『四季報オンライン』では、過去の四季報が見られるのも便利です。誌面をそのままPDFで見ることができますので、これを数号分並べてみると、記事内容の推移を見ることができます。

■図52　トヨタ自動車（7203）の業績予想が更新された

◇22.3予	**27,500,000**	**1,900,000**	**2,290,000**	**1,880,000**	**661.3**	**220**
◎19.4〜9	15,285,595	1,404,336	1,583,485	1,274,976	449.4	100
◇20.4〜9予	11,600,000	150,000	228,000	187,000	65.8	60〜100
◎19.4〜6	7,646,091	741,951	841,750	682,974	239.6	
◇20.4〜6	4,600,796	13,920	118,233	158,843	56.9	
会21.3予	**24,000,000**	**500,000**	**890,000**	**730,000**	**-**	**(20.8.6)**

単位は百万円,1株当たりは円　　業績財務の詳細を見る　配当を見る ＞

営業増益率 **-42.70%**　最新号比修正率 **86.66%**　会社予想乖離率 **7.69%**

予想が更新された

【業績予想更新】　(2020/11/09)

	売上高	営業利益	税前利益	純利益	1株益(円) ?	1株配(円)
◎20.3	29,929,992	2,44[illegible],869	2,554,607	2,076,183	735.6	220
◇21.3予	**26,500,000**	**1,40[illegible],000**	**1,860,000**	**1,500,000**	**453.2**	**225〜230**
◇22.3予	**29,000,000**	**2,00[illegible],000**	**2,460,000**	**1,980,000**	**598.2**	**225〜240**
会21.3予	**26,000,000**	**1,300,000**	**1,760,000**	**1,420,000**	**-**	**(20.11.6)**

定性的に、言葉でどう評価が変化しているのかが見て取れるのです。会社情報についても、従業員が増えているか、給与が上がっているかなどの推移を見ることができます。

　また、オンラインの特徴は、「四季報先取り」の情報があることです。『会社四季報』の発売日によい記事が出た場合はサプライズとなり、株価が上昇することがよくあります。その情報を先取りできるわけですから、有利であることに間違いはありません。ただし、その情報はすでに市場に流れていて株価に反映されていることもありますので、注意してください。

【業績予想更新】のデータもありますが、これが先取り情報とリンクしているので注目です。

　例えばトヨタ自動車（7203）を見ると、2021年3月営業利益の予想が、5000億円から1兆3000億円に大幅に予想更新されています（図52）。トヨタのような大きな会社では、この手のサプライズ情報はすぐにニュースになりますが、小さな会社だと見逃されているケースがありますから、そこが狙い目なのです。

IPO銘柄にもお宝銘柄がある

定性データは『株探』にもあります。トップページ最下部のＩＲリポートです。ここにある「ホリスティック企業レポート」は、証券リサーチセンターのアナリストレポートです。大手証券会社のアナリストがあまりカバーしておらず、独自の製品・技術を保有している特徴的な企業を選定し、カバーしたものですので、優良な銘柄を発掘するときに役立ちます。

特にＩＰＯ（新規上場株式）したばかりの会社は、事業内容がよくわかりません。上場直後は、高値が付く場合が多いのですが、よくわからないので評価しづらく、結果、数カ月すると安値で放置されているケースもあるのです。

四季報との関連でいうと、ＩＰＯ銘柄が四季報に掲載されるタイミングがあります。例えば、10月27日に上場したばかりのカラダノート（４０１４）を見ると、１カ月たった時点では四季報には掲載されていません。投資家の中には、四季報に掲載されて初めて投資する人もいるので、そのタイミングの前に仕掛けるのも一つの方法です。

■図53　STIフードホールディングス（2932）のチャート

最近、僕が仕掛けた銘柄でＳＴＩフードホールディングス（２９３２）があります（図53）。日経新聞の紹介記事で読んだのがきっかけです。２０２０年9月に上場したのですが、『株探』で見ると上場前の業績も載っていて、直近3カ月決算も売上約60億円に対して約4億円の営業利益。過去の業績から見ると、まだまだ伸びそうだし、上方修正もありそうだなと思っていましたが、実際大幅な上方修正がありました。この銘柄は平均ＰＥＲ10倍の食品カテゴリーの中で、約25倍の評価。少し高めだったのですが、成長性を見込んで仕込みました。

ＩＰＯ銘柄は、わりと皆が知らない中で買っています。そこで、いち早く業績や業務内容がわかると、有利な立場で戦えるのではないかと思います。

ただ、ＩＰＯ銘柄で注意したいのは、上場直後は値動きが激しいということ。初心者のうちは、手を出さないほうがいいと思います。1カ月、2カ月たって、相場がこなれてきてから判断しても遅くはないでしょう。相場の過熱感に左右されることなく、あくまでも業績や業務内容の将来性に着目することです。

三番手、四番手が狙い目

『株探』をきっかけとして銘柄を発掘する際のお勧めの方法は、「人気テーマベスト30」の活用です。好きなテーマを選び、PBRの高い順に並べ変えるのです。

例えば、「電子認証」を選びPBRの高い順に並べ変えると、トップに弁護士ドットコム（6027）が表示されます（図54）。PBRはすでに100倍を超え、かなりの高評価であることがわかります。クラウドサインといってハンコのいらない電子契約で人気が出た銘柄です。

しかしそこで狙うのは、この弁護士ドットコムではなく、似たような業務を行っている三番手、四番手の銘柄で、かつ市場評価が低い割安銘柄を狙うのです。ランキングを見ると4番目にGMO－GS（3788）があります。電子認証が柱の会社です。この銘柄も前年から見ると3倍ほどになっています。

一番人気の銘柄は、一気に株価も上昇していきますので、そこに乗れればベストですが、タイミングを逃した場合でも、出遅れている同業他社を狙うのです。一番手ほどPERやPBR

■図54　電子認証で検索すると弁護士ドットコム(6027)がトップに

電子認証関連が株式テーマの銘柄一覧

ネットワーク上のセキュリティー対策の一つで、利用者本人であることを電子的に確認する仕組みのこと。「電子署名」「暗号化通信」「電子署名の証明」を組み合わせた技術。電子取引を行う際の「盗聴」や「なりすまし」「改竄」などを防ぐために欠かせないシステムといえる。

市場別：全市場｜1部｜2部｜新興

時価総額別(単位：億円)：全銘柄｜-50｜50-100｜100-300｜300-1000｜1000-

1 2 次へ>　15件

人気テーマ ベスト30　株価更新

2020年11月25日　12:48現在　18銘柄

コード	銘柄名	市場		株価	前日比		ニュース	PER	PBR	利回り
6027	弁護士COM	東M		11,150	-50	-0.45%	NEWS	―	112	―
2492	インフォMT	東1		1,086	-10	-0.91%	NEWS	333	22.58	0.34
3939	カナミックN	東1		760	-5	-0.65%	NEWS	71.7	19.20	0.33
3788	GMO－GS	東1		9,390	-190	-1.98%	NEWS	95.6	16.27	0.52
4395	アクリート	東M		1,519	+46	+3.12%	NEWS	41.3	7.35	0.66
9449	GMO	東1		2,832	-29	-1.01%	NEWS	―	6.42	―
3683	サイバーリン	東1		5,690	+100	+1.79%	NEWS	48.0	6.09	0.35

は高くないので、買いやすいでしょう。

スクリーニングで選ぶなら、バリュー株よりグロース株のほうが探しやすいでしょう。例えば、営業利益率が20%以上、ROEが15%以上、ROAが25%以上。いわゆる「グレートグロース」と呼ばれ、強い成長力を持っている会社です。

有名個人投資家を追う

もう一つ、有名個人投資家の保有銘柄に注目するという方法があります。『株探』ではプレミアム会員向けですが、大株主の推移を見ることができます。また、大株主の中にある個人投資家の名前をクリックすると、その人のほかの保有銘柄の一覧を見ることができます。そうすると、ある有名な大株主は、PBRの低い銘柄を買っているとか、その銘柄をいつ買ったのか、いつ買い増ししたのかといった傾向もわかります。

例えば急成長銘柄に乗り遅れたら、その会社の大株主の別の保有銘柄を追いかけてみると、別の潜在的成長銘柄を発掘できる可能性もあります。

テンバガーを狙うには、長期投資

バリュー株として仕込んだ銘柄が、急成長してグロース株になるとテンバガーに近づいていきます。僕の投資スタイルとしては、テンバガーのような銘柄を狙っているわけではないのですが、ある意味失敗した例を挙げてみます。

僕は、増益を期待していた銘柄が減益になったら、迷わず売ることにしています。3カ月決算で細かく業績の推移をチェックして、期待していた業績ならホールド、悪化したら売ることにしています。これはセオリーでもあるし、痛い目に遭わなくてすむからです。

そこである一時期、メドピア（6095）という会社の株を保有していたことがあります。メドピアは、2019年4－6月期に減益になったので、ルールに従って売りました。

しかし、その後株価はさらに上昇し6倍にまでなりました（図55）。2019年4－6月期の減益で踏ん張った人は、その後の株価上昇の恩恵を受けたことになります。僕は損こそして

■図55　売却後に急上昇したメドピア(6095)のチャート

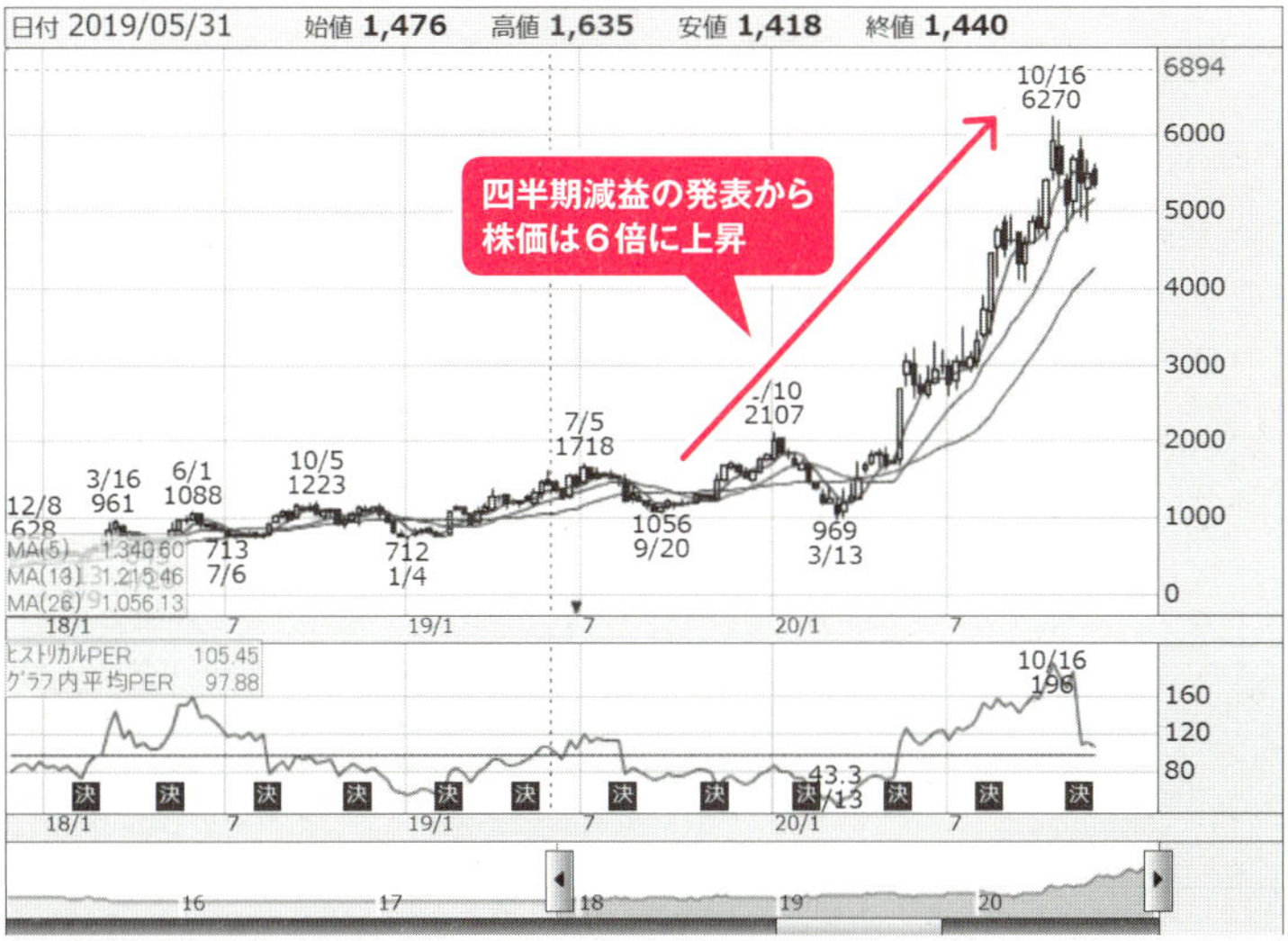

いませんが、もうけ損なったという意味で、この投資は失敗だったと言えるかもしれません。

詳しく調べてみると、減益になったのは、展示会など販促費用が一時的にかさんだだけで、その後、業績は回復していました。しかし、そのときはすでにＰＥＲも高くなりすぎて、僕の対象からは外れてしまったので、もう買い直すことはしませんでした。

その後もチェックはしていましたが、株価が上がり続けるチャートを見ると、逆に自分の判断は間違っていなかったとも思えて自信につながります。株式投資を続けていくうえでは、それくらい物事をポジティブに考えられるメンタリティも必要だと思います。

しかし、もしテンバガーを狙うなら、そこでもう一度業績を見極めて買い直すのも一つの方法でしょう。長期保有で見ることが必要です。

ただ、一つの銘柄でテンバガーを狙うのではなく、ポートフォリオとしてテンバガーを狙ったほうが確実です。僕は、その方法で資産を10倍以上にしました。保有銘柄は、毎日見直していますが、基本は3カ月ごとの決算発表でチェックして入れ替えています。

自分の知っている銘柄を選ぶ

もう一つ、銘柄選びのコツとしては、「自分の知っている業界の銘柄を選ぶ」ということです。これも僕の失敗例なのですが、テクノスデータサイエンス・エンジニアリング（7046）という会社があります。いわゆるＡＩによるデータ解析の会社です。

ＡＩは、ＤＸ（デジタルトランスフォーメーション）のキーテクノロジーで人気のテーマです。定量的にも定性的にもよいと判断したのですが、結果、業績も株価もぱっとしませんでした。その一方で、ＡＩ ｉｎｓｉｄｅ（4488）という会社は急激に業績がよくなり、株価も上昇しました。このほかにもＡＩを駆使した会社はたくさんありますが、なかなか違いがよくわかりません。

ＡＩなどの最新テクノロジーは、聞こえはよいのですが、専門家でないと、その良し悪しを見極めるのは難しいのです。そのため銘柄選びは、自分で事業内容が理解できるものから始めるのがよいでしょう。

第4章

日本のバフェットを目指せ！

「大株主」欄に名を連ねるための投資術

「大株主」に聞く 平松裕将さん

「大株主」欄に出てくる顔ぶれと市場に与える影響とは？

特定の大株主検索で保有動向を探る

有名な投資家やファンドがどのような銘柄に注目しているのかは、投資家なら誰もが気になるところ。しかし、雑誌の特集記事やインタビュー記事でもない限り、なかなか知る機会がありません。そんな彼らの動向を掴む数少ない手段の一つが大株主一覧です。本書で紹介した『四季報オンライン』や『株探』の機能で検索することが可能で、ひたすら特定の大株主の動向を追いかけ、同じ銘柄を購入する投資をする投資家もいるほどです。

一口に大株主といってもその明確な定義はなく、議決権のある発行済み株式の100分の10以上を保有する株主を主要株主といいます。いくつか主な大株主をご紹介します。

「機関投資家」は、保険会社や投資銀行、年金基金など投資による運用益を求められている団体です。日本の5大総合商社に出資して話題となったバフェット率いるバークシャー・ハサウェイもその一つ。とにかく投資額が多いため、彼らの動向は株価に少なからず影響があります。

「アクティビスト」は、別名「モノ言う株主」として知られ、株主の権利を積極的に行使し利益を上げる団体で、日本でも村上ファンドで有名になりました。ダニエル・ローブ氏が率いるサード・ポイントや、旧村上ファンドメンバーが立ち上げたエフィッシモ・キャピタル・マネジメントが有名です。大株主となったことが知れ渡るだけで、期待から株価が上昇するほどの影響力があります。

「ベンチャーキャピタル」は未上場の企業に出資し、上場後に保有株を売却して利益を得ることを目的とします。IPO銘柄において上場後のしかるべきタイミングで売り圧力になりえます。ジャフコや、日本ベンチャーキャピタルほか、○○ベンチャーキャピタルや○○投資事業有限責任組合と名の付く団体が大株主の場合、売り圧力に注意が必要です。

その他、オーナー企業の場合は社長自らが筆頭株主であったり、社長のイニシャルを冠した団体が大株主に名を連ねる場合があります。彼らが保有株数を減らした場合には、その会社の未来になんらかの不安がある可能性があり、注意が必要です。

また、複数企業の大株主になっている個人投資家も多く存在します。例えば、五味大輔さんや片山晃さんなど有名投資家の銘柄を分析すると逆に彼らの投資手法が垣間見えるなど、大株主一覧から分析できることは多岐にわたります。

次のページからは実際に大株主として複数の会社に名を連ねる個人投資家の1人、平松裕将さんに、大株主がどのような視点で投資をしているのか解説していただきます。

「大株主」に聞く

本物の大株主が語る投資の真の醍醐味

経営者とともに歩む大株主の世界

議決権行使の重みは選挙と同じ

皆さんは、選挙に必ず行っていると思います。社会をよくするためには、優秀な政治家を選挙で選びますよね？　会社も同じです。皆さんがどこかの株を100株取得すれば、1個の議

平松裕将（ひらまつ ひろまさ）

46歳。株式投資に前向きな両親の影響もあり、高校２年生にして元手20万円で株式投資を開始。2000年に運送業を営む大運（9363）の株を約800万円で11万株取得し、第９位の大株主として『会社四季報』に初掲載。以降、数多くの企業の大株主となり会社への提案を行いながら、企業と株主のよりよい関係を模索し投資を続けている。ツイッター（@hiromasa1974）にて、コメントを発信中。

決権を得ます。議決権行使は、選挙で言えば1票と同じ重みを持つのです。優秀な経営者を自ら、1個の議決権行使で選び、判断するのです。それほどに議決権は貴重なのです。

選挙に行かない人に限って、社会の文句ばかり言っています。株式投資の世界でも同じで、大損している人に限って、掲示板やツイッターで悪口ばかり書き込んでいます。私は、それは間違った努力だと考えています。

会社に対し自分の考えを表明することだけなら100株の単元株でも可能です。株主総会に参加する権利もあり、総会での発言権を誰でも持てます。ただ、単元株では〝発言権〟はあっても〝発言力〟は生まれません。

例えば、流動性の低い株があったとします。流動性が向上すれば株価は騰がると思ったとき、それを提案しても経営層はなかなか真剣に聞いてくれません。そこで株を大量に保有し大株主となって、経営者にきちんと話を聞いてもらう。それが私の投資スタンスです。

先の選挙の例と株主の一番の大きな違いは、1人1票ではないという点です。株主総会の議決権はお金で買うことができます。

そう言うと、聞こえは悪いかもしれませんが、その企業により多くの資金を出資した人の発言権が大きいのは決して不平等ではなく、むしろ平等であり当然の権利として与えられるものなのです。

億り人より簡単になれる！ 大株主のすすめ

読者の皆様は、大株主なんて夢のまた夢と思われるかもしれません。しかし実際のところ、億り人になるよりも紙の四季報に載るほどの大株主になるほうが必要な資金は少なくてすみます。企業さえ選ばなければ５００万円ほどで第10位の大株主になることも可能です。

私も初めから投資資金が潤沢にあったわけではなく、ひたすら働いて稼ぎ、資金を貯めました。とことん倹約し徹底的に節約して、お金を貯めるのです。株を大量に持たなければ発言力はありませんので。

私にはこれといった趣味はありませんが、とにかく人が一生懸命働く現場を見るのが大好きです。サラリーマンは皆、自分の会社以外の働く現場を見る機会がなかなかありません。それはとても不幸であり、残念なことだと思います。こんなに世界は大きく広がっているのに、自社の職場や価値観しか知らないという視野や経験の狭さは、一度しかない人生において非常にもったいないことだと私は考えます。

私は数多くの会社の株主になっては、工場、店舗、事務所、倉庫、モデルルーム、展示会、商品やセミナーを見学させてほしいと依頼します。必ずしも受けてくれるとは限りませんが、今回もちょうど東北のとある会社を視察してきたところです。現場を見るとさまざまなことが見えてきます。活気、整理整頓、従業員の笑顔や挨拶等、それらを経営者と共有したうえで、その会社をよりよくするための提案を真剣に考えています。そして、何かよい提案ができそうだと判断したら、大株主になるべく追加購入を進めます。

大株主になれば若造でも経営者と対等

私がこのような投資スタイルにたどり着いたのには、生い立ちが大きく影響しています。もともと実家が材木屋を営んでいることもあり、ひっきりなしに職人が出入りしては木材の加工の仕事をしていました。ノミの入れ方からノコギリの角度やスピード、そういったことを観察するのがとても面白かったのを覚えています。

そして両親が株式投資をやっており、証券マンも家に出入りしていたことから投資に対しての抵抗感はなく、高校2年生のときにアルバイトで貯めた20万円を元手に株を始めました。

さらに、当時読んだ『怪物商法』(糸山英太郎/ベストセラーズ)に強い影響を受けました。さまざまな売買手法に、株主権を行使する実話の本です。この本に感動して、株式投資、株主になること、株主権のすごさに興味を抱き、株式投資に傾注していきました。

大学には2週間ほどしか通わず、すぐ辞めました。株式投資はとにかく元手がないと始まりません。上京して働き始め、営業でトップの成績を叩き出すも同期とボーナスも給料も同じだ

■図56　『会社四季報』の株主欄に自分の名前が！

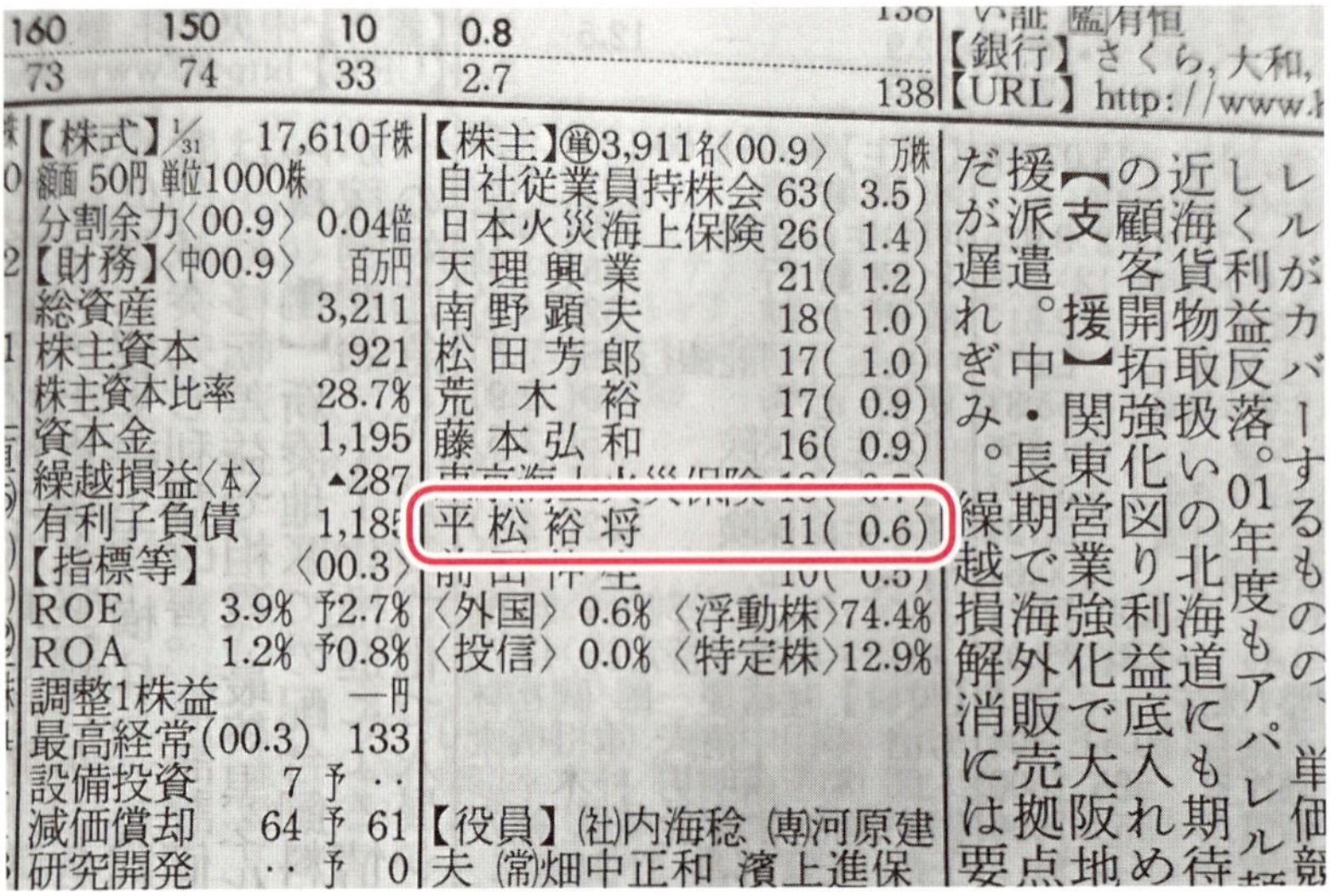

160	150	10	0.8	
73	74	33	2.7	138

【銀行】さくら，大和，
【URL】http://www.

【株式】1/31　17,610千株
額面 50円 単位1000株
分割余力〈00.9〉　0.04倍
【財務】〈中00.9〉　百万円
総資産　3,211
株主資本　921
株主資本比率　28.7%
資本金　1,195
繰越損益〈本〉　▲287
有利子負債　1,185
【指標等】　〈00.3〉
ROE　3.9%　予2.7%
ROA　1.2%　予0.8%
調整1株益　—円
最高経常(00.3)　133
設備投資　7　予　‥
減価償却　64　予　61
研究開発　‥　予　0

【株主】㊖3,911名〈00.9〉　万株
自社従業員持株会　63(3.5)
日本火災海上保険　26(1.4)
天理興業　21(1.2)
南野顕夫　18(1.0)
松田芳郎　17(1.0)
荒木裕　17(0.9)
藤本弘和　16(0.9)
平松裕将　11(0.6)
〈外国〉0.6%　〈浮動株〉74.4%
〈投信〉0.0%　〈特定株〉12.9%
【役員】㈳内海稔　㈶河原建夫　㈹畑中正和　濱上進保

近海貨物取扱いの北海道にも期待の顧客開拓強化図り利益底入れめ
【支援】関東営業強化で大阪地援派遣。中・長期で海外販売拠点だが遅れぎみ。繰越損解消には要

初めて大株主となった記念の号。大運(9363)の第９位に名を連ねた。

ったことに愕然とし、21歳で帰郷。

その頃には資産が１０００万円ほどになっていましたので、地元で借金もしながら収益物件を買い、不動産業を始めました。この頃は独立心が旺盛で、自分の力を試したいという思いが強かったです。

とにかく経営者と会って対等に話をするため、資金が貯まれば株を買い、大株主を目指して２０００年に運送業を営む大運（９３６３）の株を約８００万円で11万株取得し、第９位の大株主としてついに『会社四季報』に初掲載されるまでになりました（図56）。たかだか20代の若造でも、大株主なら経営者が直接話を聞いてくれるというのはすごいことだと思いませんか。そして、それに見合う知識や経験が自分の側にも必要であるということを学び、自分自身も成長しなければと強く思いました。

私が大株主になる理由と企業への提案

現在、大株主として大量保有している銘柄の一つがヤマックス（５２８５）です。きっかけは２０１６年の熊本地震です。コンクリート二次製品といって、河川や道路に使用されるコンクリート製品を製造販売している会社です。自然災害などでは復興のためにとても重要な役割を担う企業です。

しかし、公益公共性があって社会のためになる企業の株が、ＰＢＲ０・３倍という他業種や他社と比べてあまりに割安に放置されていることに非常に危機感を感じました。どこの馬の骨ともわからないファンドに狙われたなら、あっという間に株を大量保有され、自由な企業活動を阻害するような要求を突き付けてこないとも限りません。そうなれば、地域貢献にもつながる同社の企業活動が正常に営めない恐れもあります。

少なくとも私なら、通常の企業活動を妨げるような要求はせず、かつ企業価値、つまり株価が正当に評価されるようにし、このようなファンドに狙われないような施策を提案できると考えました。その後、２０１７年に九州北部豪雨、２０１８年に西日本豪雨、２０１９年に再び九州北部豪雨、２０２０年７月にも九州豪雨が発生と、50年に一度、１００年に一度という自然災害が毎年のように発生。我がふるさとの家の裏山が崩れ小屋が崩壊し、仕事で使用している作業場は床下浸水の被害に遭い、ますますこの思いを強くしました。結果、大株主へ向け買いのスピードを早めたのです。

詳細は現在進行形なので詳しく書けませんが、私が大株主となって、企業に提案する内容は例えば次のような内容になります。

①流動性に問題があれば「株式分割」
②一株純資産割れしていれば「自社株買い」
③配当性向が30%を切っていれば「増配」
④株主優待制度の新設、改善
⑤各種業務改善の提案

株主の使命と存在意義

実際に過去に提案し、具体化した事例を挙げます。インテリア商品の製造を行っているリリカラ（9827）という会社では、76万株保有し、第2位の大株主になりました。当時、株主から非常に評判の悪かった文鎮などの株主優待を、なんとかクオカードに変更できないかという提案を行い採用されました（図57）。

一つ誤解がないように申し上げますが、私は基本的に株主優待制度には反対です。そして自

■図57　リリカラ(9827)の優待を文鎮からクオカードに

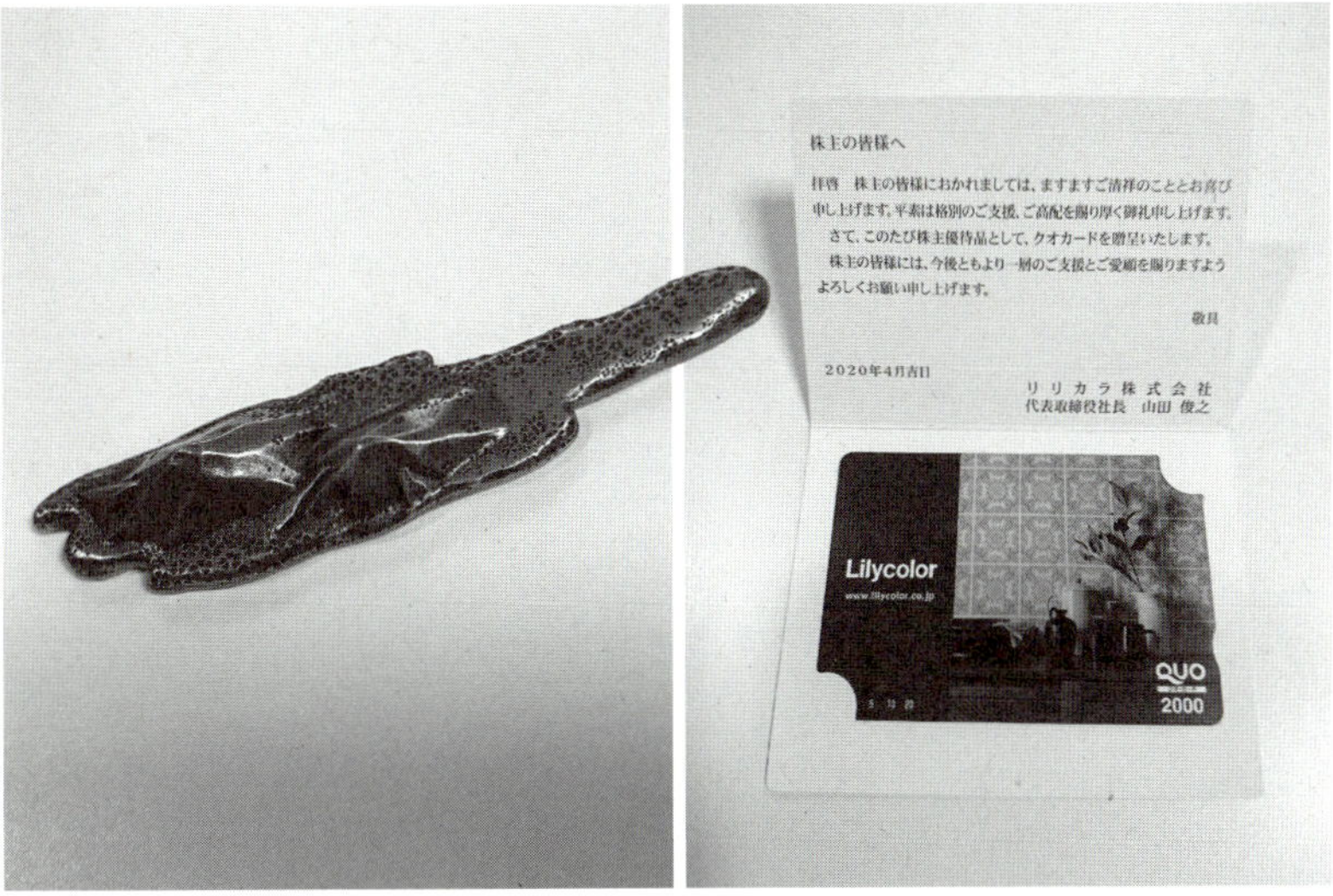
株主の皆様へ
拝啓　株主の皆様におかれましては、ますますご清祥のこととお喜び申し上げます。平素は格別のご支援、ご高配を賜り厚く御礼申し上げます。
さて、このたび株主優待品として、クオカードを贈呈いたします。
株主の皆様には、今後ともより一層のご支援とご愛顧を賜りますようよろしくお願い申し上げます。
敬具
2020年4月吉日
リリカラ株式会社
代表取締役社長　山田 俊之
Lilycolor
QUO
2000

提案が受入れられ優待が文鎮(左)からクオカード(右)に変更された。

社製造品がない企業が、クオカードなどの優待品を株主に配布することも反対です。76万株保有する株主と、単元株しか保有しない株主の優待品が同じなんて、株主平等の原則（株数に応じて相応に扱われなければならないとの意味）に反しており、本来は配当で対応するべきだと思っています。

しかし、自分の主義主張をすべて企業側に認めさせるのではなく、企業側の考えや思いも汲み取り、よりよい結果をともに模索する姿勢こそ大切だと考えます。

このリリカラの大株主時代に、過去に発生した労災に対する対策や取り組みについて話をうかがう機会がありました。この経験は、自分が経営する会社などでも即採用し、すべての作業工程の見直しなどを行いました。工場などの現場を見ながら自らも学び、さまざまな提案を通

■図58　テイツー(7610)に優待券の提案は受け入れられず、しかし……

かつて提案していた優待券は思わぬ形で実現することに。

して日本社会全体をよりよい方向に導くことができるのも、株主の使命であり、存在意義であると考えます。

一方で、いつも提案が受け入れられるとは限りません。大型古書店などのリユース業を営むテイツー（7610）へは株主優待として取扱商品の半額券を配布できないかと提案しました。株主が店舗に足を運ぶきっかけになるとともに、もともと売値に対し原価の低いリユース品は半額で売っても利益になるので、企業側・株主側双方にメリットがあるとの考えでした。

しかし、提案はまったく受け入れられないまま時が過ぎ、いつしか業績は悪化。大半の保有株を売却しました。その後、なんと新株予約権の発行と、あれだけ否定された株主優待を、私が提案した通りに実施することになりました（図58）。私の提案が、株価の下支えという本来の株主のためではない形で利用されたような複雑な思いをしたのを覚えています。この一件で、会社の考えがよくわかり、テイツーへの投資はやめました。

投資先の発掘は会社の所在地から

私が投資先候補を見つける際には『会社四季報』のワイド版を活用しています。私は日本にはまだまだ評価されていない企業がたくさんあると考えていて、特に地方企業は「地方」というだけで低い評価をされるのが残念でなりません。

まずは「本社、営業所」の項目を注目します。本社そのものが地方である場合はもちろん、本社が東京の住所でも主要な事業所が限定された地方都市にしかない場合などは、実質、地方企業です。そのような場合、株主総会も東京ではない場合もありますので、IRに確認するなどします。

次に、投資対象とする企業は売上が500億円以下の企業になることが多いです。それは、小さい企業のほうが大株主になりやすいという理由ではなく、経営者が事業を完全に掌握し、スピード感のある施策を進めることができる規模感がちょうどこのくらいという考えがあるからです。

2019年も製品製造不正や不正会計などの不祥事が、私の知る限り70件以上発生しています。大株主となった際に、このようなリスクをまともに受けてしまうと大変な損害を被り立ち直ることができません。経営者が、知らなかったり気づかなかったといった状況が起きにくい会社の規模感というところを大切にしています。

ちなみにファーストリテイリングや日本電産など、「超」が付くほどの優良企業がたくさんありますが、私は投資しません。なぜなら私がわざわざ経営改善を提案しなくても、彼らはズバ抜けて優秀に企業を経営しているからです。私は現状が悪い会社ほど、がぜん株主としてやる気が出てくるタイプなのです。なので、最初の社長面談であまりにひどい人物であればあるほど、提案のし甲斐があると思ってしまいます。それで見事に失敗したことも多々ありますが。

またベンチャーキャピタルが入っているところは、そもそも株の売却が目的で上場されている場合が多いので避けます。オーナー企業のほうが私の提案に対して、まじめに向き合ってくれることが多いです。

大株主への道と出口戦略

どうやって大株主になればよいかわからないという方がいらっしゃるかもしれません。しかし、それほど難しくはありません。まず資金なら1000万円程度の金額があればどこかの会社の大株主になることは簡単です。ただし買い集めるのには苦労します。日々の商いが薄いので、時間をかけて、ゆっくり、じっくり、こまめに見て買い集めます。1年かけて1000回ぐらいに分けて買うようなイメージになります。

例えば、SBI証券で300万円分買うなら、制度信用で100万円分、一般信用で100万円分、現物で100万円分買って、当日15時半までに現引きして手数料をできるだけ安く抑えるなどの努力もします。すべては1株でも多く株を買い、大株主になるためです。

また、大株主になったのち、売却はどうしているかよく聞かれます。この点で一つ言わせていただくと、買うときに売却は一切考えていません。売却のことを考えて投資するということは、自分が利益を得ることを前提としていることと同義です。私は、会社に自分の考えを提案し、企業価値を高め、従業員、経営者、協力会社、株主すべてが幸せになることを目指して大株主になるのです。逆にそのくらいの覚悟を持たないと株式投資はできないとさえ思います。

大株主がゆえの苦労も

ここまでは、大株主になることをお勧めすることばかり言ってきましたが、この時代、大株主になることは、相応のリスクも伴います。大量保有報告書の提出時には住所や電話番号が載ります。最近は番地までは公開されないようですが、私は昔から大株主をしているので住所もさらされています。無言電話やイタズラ電話がかかってくることもあります。大量保有報告書を出し、それらの電話がやまないので、自宅の電話番号を新しいものに変更するぐらいの苦労がありました。

一度、私が代表を務める会社の電話を取った際、「おたくの平松という人物はどんな人物か」と聞かれたことがありました。電話を取った私が誰であるかを聞かれなかったので、正直に自分の自身に対する評価を余すところなく伝え、自分自身を絶賛したことがあります。

ちなみに誰かが大株主だからとか、有名な人が買っているから私も買おうみたいな発想で投資をするのはやめたほうがいいと思います。その人たちは間違いなくあなたより安いところで仕込んでいますし、あなたが損する価格で撤退しても利益の出る人たちです。市場の養分になると覚悟したほうがいいと思います。私の場合は、会社に提案しながらＷＩＮ－ＷＩＮを目指すので、例外と言いたいところです。

ネットで平松裕将の名前を検索すると、誰だか知らない人がご丁寧に私が過去に大株主になっていた企業一覧をアップしたり、解説してくれていますが、誤りも含め、そのような情報が残るのは勘弁してほしいものです。

単元株主にもできることがある

最後に、株主の皆さんに一つ言っておきたいことがあります。

株主総会で質問するならば、ぜひ社長をうならせるような質問や提案をしてください。どこぞの売り場の店員の態度が気にくわないなどといった発言は、お客様相談センターと変わりません。一言、言いたいだけのお客様株主が延々と個人的クレームを言い続ける行為は、ほかの本気で参加している株主まで軽く扱われるので絶対にやめてください。

また、株主総会でお土産だけを受け取って帰るのは、株主本人の電車代やガソリン代のムダだと気づいてください。

そのようなバカなことを続けていると、経営者が株主に対してつけあがるきっかけになります。巡り巡って株主が損をする結果を招きかねません。そのためには我々株主が四季報や株探などのツールを利用しながら、財務について、経営について勉強を続ける必要があります。あなたの命の次に大切なお金をその会社の未来に投資し、預けたのですから。

大株主でなくとも、できることがあります。

議決権行使書にメッセージを、心を込めて書き添えてください。あなたの考えやお願いなど、どんなことでもいいのです。担当者、経営幹部、社長の誰かが、必ずそれを読んでくれます。心に留めてくれます。必ずです。

小さな努力かもしれませんが、株式投資で成功するには地道な努力しかないのです。近道はないのです。

10倍株&バリュー株が見つかる！

億り人がやっている
会社四季報&株探のスゴい使い方

2021年1月29日　第1刷発行

著　者
すぽ／平松裕将／Akito／DAIBOUCHOU
DUKE。／www9945／Yoshi

発行人
蓮見清一

発行所
株式会社 宝島社
〒102-8388 東京都千代田区一番町25番地
電話：03-3234-4621（営業）／03-3239-0646（編集）
https://tkj.jp

印刷・製本　サンケイ総合印刷株式会社

Printed in Japan　ISBN 978-4-299-01238-8